Hans J. Schmidt

Prof. Nosenix' Trickkiste

HISTORISCHE VERFAHREN – ZEITGEMÄSS AUFBEREITET

2. verbesserte Auflage

KOPIERVORLAGEN
MATHEMATIK

Aulis Verlag Deubner & Co KG

Die Deutsche Bibliothek – CIP-Einheitsaufnahme

Schmidt, Hans J.:
Prof. Nosenix' Trickkiste : historische Verfahren – zeitgemäss aufbereitet ;
Kopiervorlagen Mathematik / Hans J. Schmidt. – 2., verb. Aufl. – Köln : Aulis-Verl. Deubner, 2000
ISBN 3-7614-2014-5

Best.-Nr. 5110

Druck und Verarbeitung: Tiskarna Tone Tomšič, Ljubljana/Slowenien
ISBN 3-7614-2014-5

Vorbemerkungen

Als ich im Jahre 1988 einmal eine unterregionale Fortbildungveranstaltung zu den »Auswirkungen der neuen Grundschulrichtlinien auf den Mathematikunterricht in der Erprobungsstufe der Realschule« besuchte, wies die Referentin darauf hin, wie wichtig es doch sei, dem Mathematikunterricht etwas mehr »Pep« zu geben, indem man ihn mit Anekdoten würzt.

Sie hatte auch gleich ein passendes »Döneken« parat. Wie sich der geneigte Leser denken kann, war es die Geschichte von dem siebenjährigen Gauß, der seinen Lehrer Büttner im Jahre 1784 damit verblüffte, dass er innerhalb kürzester Zeit alle ganzen Zahlen von 1 bis 100 addiert hatte, indem er jeweils 1 + 100 = 101, 2 + 99 = 101, 3 + 98 = 101... bildete. Leider folgte dieser doch schon recht alten Begebenheit keine weitere. Sollte es denn in der Geschichte der Mathematik nicht etwas Besonderes geben, dass SchülerInnen motivieren könnte, sich intensiver mit Sachverhalten mathematischer Natur auseinanderzusetzen? Warum sollte es SchülerInnen nicht interessieren, dass Eratosthenes von Kyrene den Spitznamen »Beta« (Nummer Zwei) und »Pentathlos« (d. h. Fünfkampfathlet, also ein Sportler, der in mehreren Disziplinen gut, aber nirgends Spitze ist) hatte, denn er war Mathematiker, Geograph, Historiker, Philologe und Dichter.[1]

Warum sollte man nicht erwähnen, dass Srinivasa Ramanujan (1887 - 1920) zwar ein unglaublich begabter Mathematiker war, dem es ohne ein mathematisches Studium gelang, verblüffend originelle Entdeckungen zu machen, der aber bei seinen täglichen Verrichtungen von der Hilflosigkeit eines Kindes war.[2]

Als er sich während seines Aufenthalts in Oxford mit dem englischen Mathematiker G. H. Hardy traf, entwickelte sich das folgende Gespräch: »Eben bin ich mit einem Taxi gekommen, dessen Nummer gänzlich uninteressant war, nämlich 1729.« - Ramanujan erwiderte: »Aber ganz im Gegenteil. Es ist die kleinste Zahl, die auf zwei verschiedene Weisen als Summe zweier Kuben ausgedrückt werden kann.« Lassen Sie ihre Schüler doch die Lösungen 1, 12 und 9, 10 herausfinden.

Auf der Suche nach entsprechenden Stoffbereichen entstanden im Laufe der Jahre Kopiervorlagen, die zwar nicht immer anekdotisch, aber überwiegend schülergerecht gestaltet und motivierend sind. Sie lassen sich problemlos in den normalen Unterricht einpassen, können der Binnendifferenzierung dienen, eignen sich gut für Vertretungsstunden, und, und, und ...

Viel Spaß und Erfolg beim Einsatz der Materialien.

---

1 Kaiser-Nöbauer, Geschichte der Mathematik für den Schulunterricht Wien 1984, S. 19

2 Dunham, Mathematik von A - Z Basel 1996, S. 313

Inhaltsverzeichnis

Geschichtliches im Überblick

3000 v. Chr.	Die ersten Zahlzeichen in Hieroglyphenschrift.
2000 v. Chr.	Die Babylonier berechneten eine Kathete im rechtwinkligen Dreieck. Die Ägypter benutzten eine Näherungsformel für die Berechnung der Kreisfläche. Die Ägypter lösten lineare Gleichungen mit einer Variablen (Hau-Rechnung).
600 v. Chr.	**Thales von Milet (624 - 547 v. Chr.)** Neben der Mathematik beschäftigte sich Thales auch mit Philosophie und Astronomie. Er war der erste Mathematiker, der für seine Sätze Beweise angab. Er bestimmte die Höhe ägyptischer Pyramiden durch Messen des Schattens und sagte die Sonnenfinsternis vom 28.05.585 v. Chr. voraus.
540 v. Chr.	**Pythagoras von Samos (um 580 - um 501 v. Chr.)** Pythagoras war ein vielseitiger Gelehrter, der eine Art Naturreligion begründete. Seine Jünger, die er um sich scharte, glaubten, dass Gott die Welt nach Zahlen und Zahlenverhältnissen geordnet habe.
440 v. Chr.	**Hippokrates von Chios** Er berechnete den Flächeninhalt der Möndchen.
300 v. Chr.	**Euklid von Alexandria (um 365 - um 300 v. Chr.)** Er schrieb das dreizehnbändige Werk »Elemente«, dass das gesamte mathematische Wissen seiner Zeit darstellte. Neben der Bibel ist es das meistgedruckte Buch.
230 v. Chr.	**Eratosthenes von Kyrene (um 276 - um 194 v. Chr.)** Eratosthenes war nicht nur Mathematiker, sondern auch Sportler, Geograph, Historiker, Philologe und Dichter. Sein Spitzname lautete »Beta« (d. h. Nummer Zwei), weil er auf allen Bereichen gut war, aber nicht Spitze. Er berechnete ziemlich genau den Erdumfang. Bekannt ist er wegen seines Verfahrens zum Aussieben der Primzahlen. Er war Vorsteher der berühmten Bibliothek von Alexandria.
212 v. Chr.	**Archimedes von Syrakus (287 - 212 v. Chr.)** Er ist der vielseitigste und bedeutendste Mathematiker und Naturwissenschaftler der Antike. Er erfand physikalisch-technische Geräte wie den Hebel, die Winde, die sogenannte »archimedische Schnecke«, mit der man Wasser schöpfte, aber auch kriegstechnisches Gerät wie Wurfschleudern, Greifarme, Brennspiegel, das bei der Abwehr der Römer in seiner Heimastadt Syrakus eingesetzt wurde. Als die Römer durch eine List die Stadt einnahmen, wurde Archimedes durch einen Legionär getötet.
75	**Heron** Er wirkte in Alexandria als Ingenieur, Mathematiker und Vermessungstechniker.
250	**Diophantos von Alexandria** Er ist der Vater der Algebra, weil er für mathematische Ausdrücke besondere Symbole benutzte.
1450	**Nikolaus von Cues (1401 - 1464)** Für ihn war Mathematik nur eine Nebensache. Er studierte Jura in Padua und erlangte 1424 den Titel eines Doktors der Rechte. Als er seinen allerersten Prozeß in Mainz verlor, war er so frustriert, dass er sich dem Studium der Theologie widmete. 1430 wurde er zum Priester geweiht. 18 Jahre später wurde er Kardinal von Brixen. Er bestimmte näherungsweise die Kreiszahl π.
1514	**Albrecht Dürer (1471 - 1528)** Der Maler schrieb für Zunftgenossen die »Unterweysung der Messung mit dem Zirkel und richtscheyt«.
1579	**François Viéte (1540 - 1603)** Viéte (lateinisch auch Vieta) wurde 1540 in Fontanay-le-Compte geboren. Er wurde 1571 Rechtsanwalt und 1573 Anwalt am Hofe König Heinrich IV.; nebenher beschäftigte er sich aber mit mathematischen Fragen. Er war der erste, der Buchstaben und Rechenzeichen verwandte, um Rechenausdrücke zu schreiben und formte diese nach den Regeln des Zahlenrechnens um.
1630	**Marin Mersenne (1588 - 1648)** führte eine weitverzweigte mathematische Korrespondenz.
1655	**John Wallis (1616 - 1703)** führte Vorarbeiten zur Infinitesimalrechnung durch.
1750	**Leonhard Euler (1707 - 1783)** Er wurde in Basel als Sohn eines Pfarrers geboren und studierte zunächst in Basel Theologie. Mehr und mehr widmete er sich der Mathematik. 1730 wurde er Professor für Physik und 1733 Professor für Mathematik an der Petersburger Akademie. Er schrieb in den 76 Jahren seines Schaffens das umfangreichste Werk, dass je ein Mathematiker verfasst hat, obwohl er im Alter von 59 Jahren vollkommen erblindete.
1794	**Adrien-Marie Legendre (1752 - 1833)** vermutete, dass die Kreiszahl π transzendent sei.
1801	**Carl Friedrich Gauß (1777 - 1855)** C. F. Gauß war der Sohn eines Gärtners und Maurers in Braunschweig. Schon in jugendlichem Alter beeindruckte er seine Mitmenschen durch mathematische Fertigkeiten. Er war so etwas wie ein mathematisches Wunderkind und wurde daher entsprechend gefördert. Seine Mutter, die etwas besorgt wegen ihres Sohnes war, fragte daher den Mathematiker W. Bolyai, ob ihr Sohn in der Mathematik etwas leisten könne. Der antwortete ganz cool: »Er wird der größte Mathematiker Europas werden.«
1882	**Ferdinand von Lindemann (1852 - 1939)** Er bewies 1882, dass die Kreiszahl π transzendent ist.

Prof. Nosenix' Trickkiste

Historische Verfahren - zeitgemäß aufbereitet

So stellten die Ägypter Zahlen dar (1)

Meine Güte, kannst du froh sein, dass du nicht Schüler/in im alten Ägypten um 2 000 v. Chr. gewesen bist! Die Hausaufgaben in Mathe hätten dich umgebracht. Die Ägypter verwendeten nämlich für die Zahlen 1, 10, 100, ... eigene Zeichen. Durch Aneinanderreihen dieser Zeichen stellten sie Zahlen dar. Das war eher was für den Kunst- als für den Matheunterricht. So sahen die Zeichen aus:

1	10	100	1 000	10 000	100 000	1 000 000

Merkstrich	Bügel	Meßschnur	Lotusblüte	Zeigefinger	Kaulquappe	Gott der Unendlichkeit

Die Zahl 3 465 397 stellte sich dann so oder ähnlich dar:

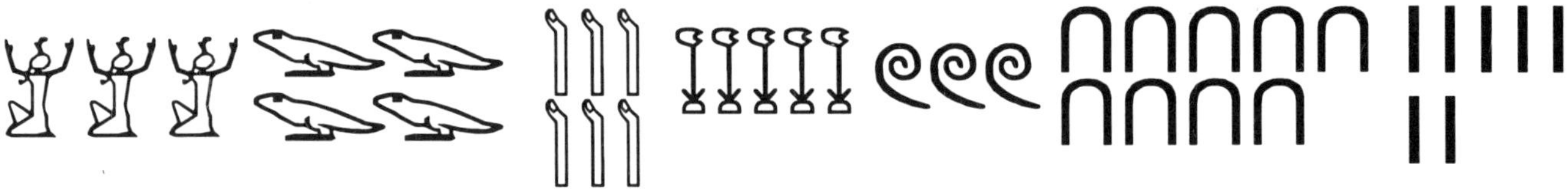

Jetzt bist du dran. »Übersetze« das Ägyptische in unsere neue Zeit.

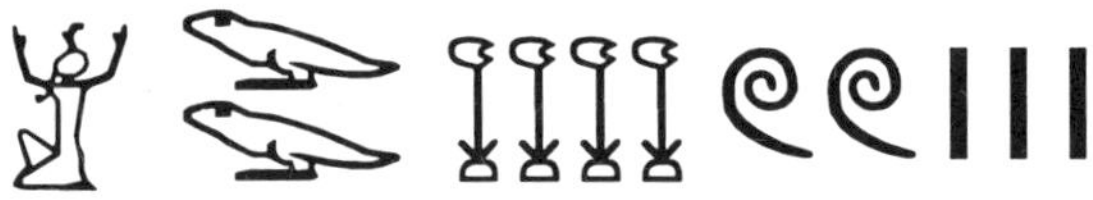

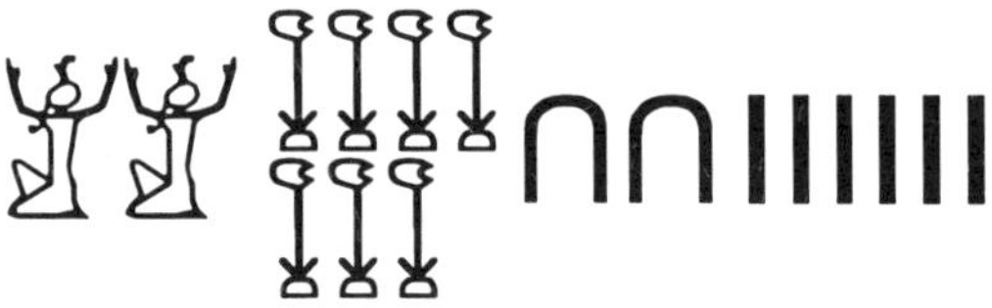

Historische Verfahren - zeitgemäß aufbereitet

So stellten die Ägypter Zahlen dar (1)

1	10	100	1 000	10 000	100 000	1 000 000

Merkstrich	Bügel	Meßschnur	Lotusblüte	Zeigefinger	Kaulquappe	Gott der Unendlichkeit

 = 30 211

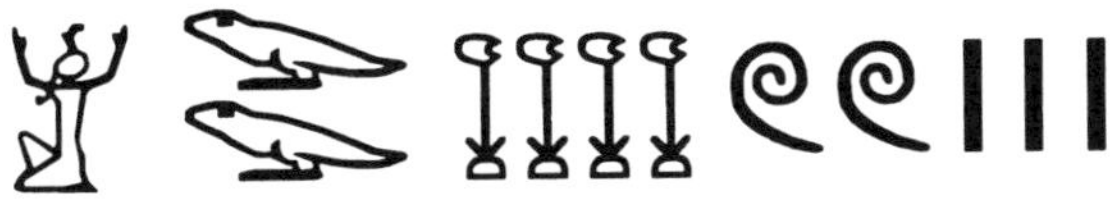 = 1 204 203

 = 526 758

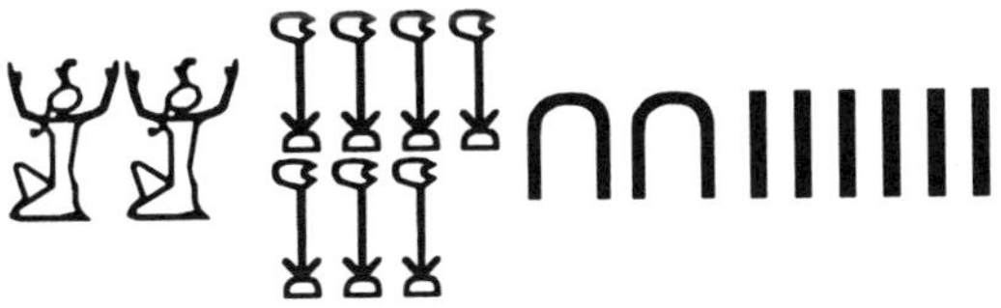 = 2 007 026

 = 1 012 210

 = 4 004 784

 = 40 131

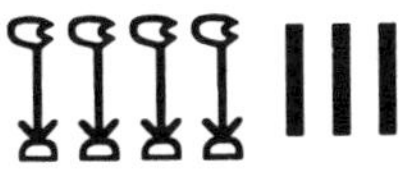 = 4 003

Prof. Nosenix' Trickkiste

Historische Verfahren - zeitgemäß aufbereitet

So stellten die Ägypter Zahlen dar (2)

Schaffst du es, die folgenden Zahlen einem Ägypter zu übermitteln?

1	10	100	1 000	10 000	100 000	1 000 000

Merkstrich	Bügel	Meßschnur	Lotusblüte	Zeigefinger	Kaulquappe	Gott der Unendlichkeit

2 300654

752 003

44 629

111 111

9 999

3 000 034

123 667

1 406 002

225 301

1 000772

5 690

220 036

So stellten die Ägypter Zahlen dar (2)

1	10	100	1 000	10 000	100 000	1 000 000
Merkstrich	Bügel	Meßschnur	Lotusblüte	Zeigefinger	Kaulquappe	Gott der Unendlichkeit

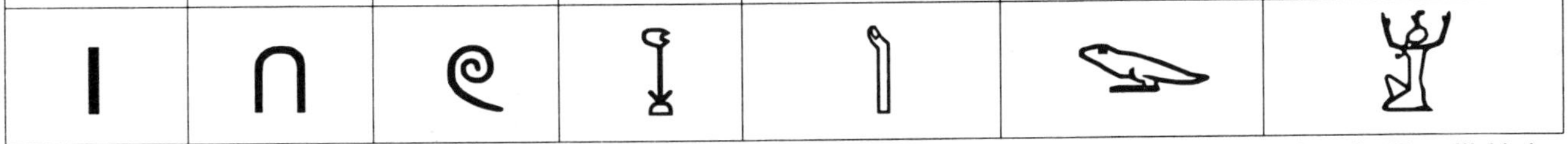

2 300654 

752 003 

44 629 

111 111 

9 999 

3 000 034 

123 667 

1 406 002 

225 301 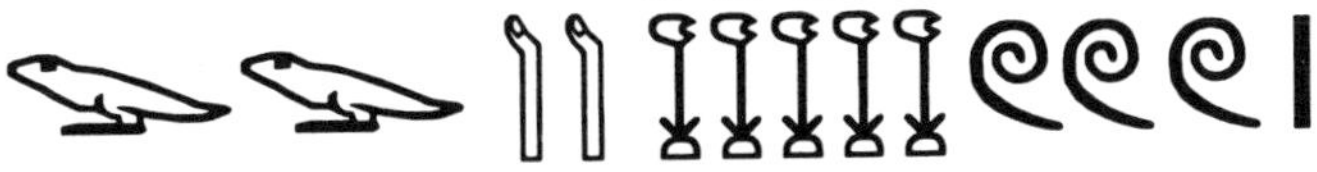

1 000772 

5 690 

220 036 

Historische Verfahren - zeitgemäß aufbereitet

So multiplizierten die Ägypter (1)

Etwas seltsam sieht das schon aus, wie die Ägypter multiplizierten. Sie konnten prima Zahlen verdoppeln und das Addieren fiel ihnen nicht sonderlich schwer. Also rechneten sie 19 · 92 wie folgt:

Welche der fünf links stehenden Zahlen ergeben addiert 19?

1	x	<u>92</u>
2	x	<u>184</u>
4	x	368
8	x	736
16	x	<u>1472</u>

Die Addition der unterstrichenen Zahlen liefert das Produkt

1 · 92 + 2 · 92 + 16 · 92 lieferte das gewünschte Ergebnis, weil
1 · 92 + 2 · 92 + 16 · 92 = (1 + 2 + 16) · 92 = 19 · 92.
Alles, was ihnen noch zum richtigen Ergebnis fehlte, war das Addieren von 92, 184 und 1472. Und Addieren konnten die Ägypter gut. Ihr Ergebnis der Multiplikationsaufgabe war 1748.

Hast du gecheckt, wie die ganze Sache funktioniert? Dann unterstreiche bitte die Zahlen, die du addieren musst, um zum richtigen Ergebnis zu kommen. Addiere dann diese Zahlen und du hast die Aufgaben gelöst.

27 · 46	
1 x	46
2 x	92
4 x	184
8 x	368
16 x	736
32 x	1472

36 · 46	
1 x	46
2 x	92
4 x	184
8 x	368
16 x	736
32 x	1472

43 · 46	
1 x	46
2 x	92
4 x	184
8 x	368
16 x	736
32 x	1472

57 · 46	
1 x	46
2 x	92
4 x	184
8 x	368
16 x	736
32 x	1472

13 · 72	
1 x	72
2 x	144
4 x	288
8 x	576
16 x	1152
32 x	2304
64 x	4608

21 · 72	
1 x	72
2 x	144
4 x	288
8 x	576
16 x	1152
32 x	2304
64 x	4608

56 · 72	
1 x	72
2 x	144
4 x	288
8 x	576
16 x	1152
32 x	2304
64 x	4608

102 · 72	
1 x	72
2 x	144
4 x	288
8 x	576
16 x	1152
32 x	2304
64 x	4608

15 · 163	
1 x	163
2 x	326
4 x	652
8 x	1304
16 x	2608
32 x	5216

25 · 163	
1 x	163
2 x	326
4 x	652
8 x	1304
16 x	2608
32 x	5216

42 · 163	
1 x	163
2 x	326
4 x	652
8 x	1304
16 x	2608
32 x	5216

51 · 163	
1 x	163
2 x	326
4 x	652
8 x	1304
16 x	2608
32 x	5216

Historische Verfahren - zeitgemäß aufbereitet

So multiplizierten die Ägypter (1)

27 · 46

1 x	46
2 x	92
4 x	184
8 x	368
16 x	736
32 x	1472
	1242

36 · 46

1 x	46
2 x	92
4 x	184
8 x	368
16 x	736
32 x	1472
	1656

43 · 46

1 x	46
2 x	92
4 x	184
8 x	368
16 x	736
32 x	1472
	1978

57 · 46

1 x	46
2 x	92
4 x	184
8 x	368
16 x	736
32 x	1472
	2622

13 · 72

1 x	72
2 x	144
4 x	288
8 x	576
16 x	1152
32 x	2304
64 x	4608
	936

21 · 72

1 x	72
2 x	144
4 x	288
8 x	576
16 x	1152
32 x	2304
64 x	4608
	1512

56 · 72

1 x	72
2 x	144
4 x	288
8 x	576
16 x	1152
32 x	2304
64 x	4608
	4032

102 · 72

1 x	72
2 x	144
4 x	288
8 x	576
16 x	1152
32 x	2304
64 x	4608
	7344

15 · 163

1 x	163
2 x	326
4 x	652
8 x	1304
16 x	2608
32 x	5216
	2445

25 · 163

1 x	163
2 x	326
4 x	652
8 x	1304
16 x	2608
32 x	5216
	4075

42 · 163

1 x	163
2 x	326
4 x	652
8 x	1304
16 x	2608
32 x	5216
	6848

51 · 163

1 x	163
2 x	326
4 x	652
8 x	1304
16 x	2608
32 x	5216
	8313

So multiplizierten die Ägypter (2)

Hast du die 12 Aufgaben geschafft? Sicher, oder? Dann versuche dich mal an etwas größeren Faktoren.

129 · 107	
1 x	107
2 x	______
4 x	______
8 x	______
16 x	______
32 x	______
64 x	______
128 x	______
256 x	______
512 x	______
1024 x	______

492 · 157	
1 x	157
2 x	______
4 x	______
8 x	______
16 x	______
32 x	______
64 x	______
128 x	______
256 x	______
512 x	______
1024 x	______

802 · 212	
1 x	212
2 x	______
4 x	______
8 x	______
16 x	______
32 x	______
64 x	______
128 x	______
256 x	______
512 x	______
1024 x	______

199 · 212	
1 x	212
2 x	______
4 x	______
8 x	______
16 x	______
32 x	______
64 x	______
128 x	______
256 x	______
512 x	______
1024 x	______

452 · 360	
1 x	360
2 x	______
4 x	______
8 x	______
16 x	______
32 x	______
64 x	______
128 x	______
256 x	______
512 x	______
1024 x	______

811 · 125	
1 x	125
2 x	______
4 x	______
8 x	______
16 x	______
32 x	______
64 x	______
128 x	______
256 x	______
512 x	______
1024 x	______

638 · 265	
1 x	265
2 x	______
4 x	______
8 x	______
16 x	______
32 x	______
64 x	______
128 x	______
256 x	______
512 x	______
1024 x	______

934 · 145	
1 x	145
2 x	______
4 x	______
8 x	______
16 x	______
32 x	______
64 x	______
128 x	______
256 x	______
512 x	______
1024 x	______

1346 · 182	
1 x	182
2 x	______
4 x	______
8 x	______
16 x	______
32 x	______
64 x	______
128 x	______
256 x	______
512 x	______
1024 x	______

Historische Verfahren - zeitgemäß aufbereitet

So multiplizierten die Ägypter (2)

129 · 107

1 x	107
2 x	214
4 x	428
8 x	856
16 x	1712
32 x	3424
64 x	6848
128 x	13696
256 x	27392
512 x	54784
1024 x	109568

13803

492 · 157

1 x	157
2 x	314
4 x	628
8 x	1256
16 x	2512
32 x	5024
64 x	10048
128 x	20096
256 x	40192
512 x	80384
1024 x	160768

77244

802 · 212

1 x	212
2 x	424
4 x	848
8 x	1696
16 x	3392
32 x	6784
64 x	13568
128 x	27136
256 x	54272
512 x	108544
1024 x	217088

170024

199 · 439

1 x	439
2 x	878
4 x	1756
8 x	3512
16 x	7024
32 x	14048
64 x	28096
128 x	56192
256 x	112384
512 x	224768
1024 x	449536

87361

452 · 360

1 x	360
2 x	720
4 x	1440
8 x	2880
16 x	5760
32 x	11520
64 x	23040
128 x	46080
256 x	92160
512 x	184320
1024 x	368640

162720

811 · 125

1 x	125
2 x	250
4 x	500
8 x	1000
16 x	2000
32 x	4000
64 x	8000
128 x	16000
256 x	32000
512 x	64000
1024 x	128000

101375

638 · 265

1 x	265
2 x	530
4 x	1060
8 x	2120
16 x	4240
32 x	8480
64 x	16960
128 x	33920
256 x	67840
512 x	135680
1024 x	271360

169070

934 · 145

1 x	145
2 x	290
4 x	580
8 x	1160
16 x	2320
32 x	4640
64 x	9280
128 x	18560
256 x	37120
512 x	74240
1024 x	148480

135430

1346 · 182

1 x	182
2 x	364
4 x	728
8 x	1456
16 x	2912
32 x	5824
64 x	11648
128 x	23296
256 x	46592
512 x	93184
1024 x	186368

244972

Historische Verfahren - zeitgemäß aufbereitet

So dividierten die Ägypter

Das Dividieren erledigten die Ägypter nach dem gleichen Verfahren, nur in umgekehrter Reihenfolge.
Nimm zum Beispiel 133 : 7. Man schreibt wieder

Die Addition der unterstrichenen Zahlen liefert das Ergebnis 19

<u>1</u>	x	7
<u>2</u>	x	14
4	x	28
8	x	56
<u>16</u>	x	112

Welche der fünf rechts stehenden Zahlen ergeben addiert 133?

und sucht dann in absteigender Reihenfolge diejenigen Ergebnisse, deren Summe der Zahl 133 am nächsten kommt.
112 gehört dazu, 56 und 28 kommen nicht in Frage, weil die Summe aus 112 und 56 bzw. 28 größer ist als 133. 14 gehört dazu, denn 112 + 14 = 126.
7 gehört dazu, weil 126 + 7 = 133.
Soweit also kein Thema. Rechne die folgenden Divisionsaufgaben wie ein Ägypter:

1150 : 46	
1 x	46
2 x	92
4 x	184
8 x	368
16 x	736
32 x	1472

2109 : 37	
1 x	37
2 x	74
4 x	148
8 x	296
16 x	592
32 x	1184

2286 : 127	
1 x	127
2 x	254
4 x	508
8 x	1016
16 x	2032
32 x	4064

4452 : 84	
1 x	84
2 x	168
4 x	336
8 x	672
16 x	1344
32 x	2688

2943 : 27	
1 x	27
2 x	54
4 x	108
8 x	216
16 x	432
32 x	864
64 x	1728

1425 : 19	
1 x	19
2 x	38
4 x	76
8 x	152
16 x	304
32 x	608
64 x	1216

1005 : 15	
1 x	15
2 x	30
4 x	60
8 x	120
16 x	240
32 x	480
64 x	960

4968 : 72	
1 x	72
2 x	144
4 x	288
8 x	576
16 x	1152
32 x	2304
64 x	4608

1323 : 9	
1 x	
2 x	
4 x	
8 x	
16 x	
32 x	
64 x	
128 x	

1712 : 8	
1 x	
2 x	
4 x	
8 x	
16 x	
32 x	
64 x	
128 x	

2015 : 13	
1 x	
2 x	
4 x	
8 x	
16 x	
32 x	
64 x	
128 x	

3129 : 21	
1 x	
2 x	
4 x	
8 x	
16 x	
32 x	
64 x	
128 x	

Historische Verfahren - zeitgemäß aufbereitet

So dividierten die Ägypter

1150 : 46 = 25

1 x	46
2 x	92
4 x	184
8 x	368
16 x	736
32 x	1472

2109 : 37 = 57

1 x	37
2 x	74
4 x	148
8 x	296
16 x	592
32 x	1184

2286 : 127 = 18

1 x	127
2 x	254
4 x	508
8 x	1016
16 x	2032
32 x	4064

4452 : 84 = 53

1 x	84
2 x	168
4 x	336
8 x	672
16 x	1344
32 x	2688

2943 : 27 = 109

1 x	27
2 x	54
4 x	108
8 x	216
16 x	432
32 x	864
64 x	1728

1425 : 19 = 75

1 x	19
2 x	38
4 x	76
8 x	152
16 x	304
32 x	608
64 x	1216

1005 : 15 = 67

1 x	15
2 x	30
4 x	60
8 x	120
16 x	240
32 x	480
64 x	960

4968 : 72 = 69

1 x	72
2 x	144
4 x	288
8 x	576
16 x	1152
32 x	2304
64 x	4608

1323 : 9 = 147

1 x	9
2 x	18
4 x	36
8 x	72
16 x	144
32 x	288
64 x	576
128 x	1152

1712 : 8 = 214

1 x	8
2 x	16
4 x	32
8 x	64
16 x	128
32 x	256
64 x	512
128 x	1024

2015 : 13 = 155

1 x	13
2 x	26
4 x	52
8 x	104
16 x	208
32 x	416
64 x	832
128 x	1664

3129 : 21 = 149

1 x	21
2 x	42
4 x	84
8 x	168
16 x	336
32 x	672
64 x	1344
128 x	2688

Wie die Inder und Araber multiplizierten

Die Inder und Araber benutzten in ganz früher Zeit für die Multiplikation von Zahlen ein solches Schema, das von der Größe der Zahlen abhing.
Beispiel: 459 · 87

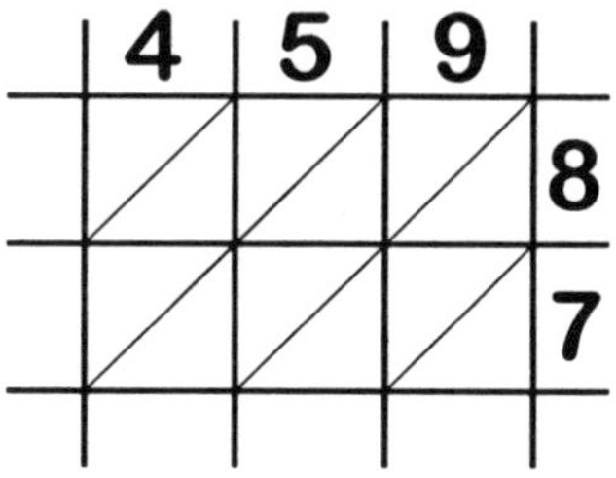

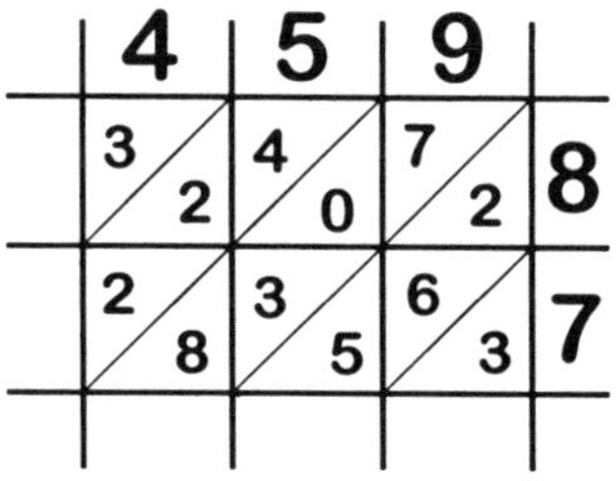

Da sie das kleine Einmaleins nur so runterrasseln konnten, füllten sie das Schema auf: 9 · 8 = 72, 9 · 7 = 63, 5 · 8 = 40, ... und trugen die Ergebnisse ein.

Wenn sie das geschafft hatten, war der Rest ein Kinderspiel. Sie addierten die Zahlen, die in den schrägen Feldern standen und schrieben die Ergebnisse in die leeren Felder am Rande.
Das Ergebnis lautet 39 933.
Wenn du alles verstanden hast, kannst du die unten stehenden Aufgaben leicht lösen.

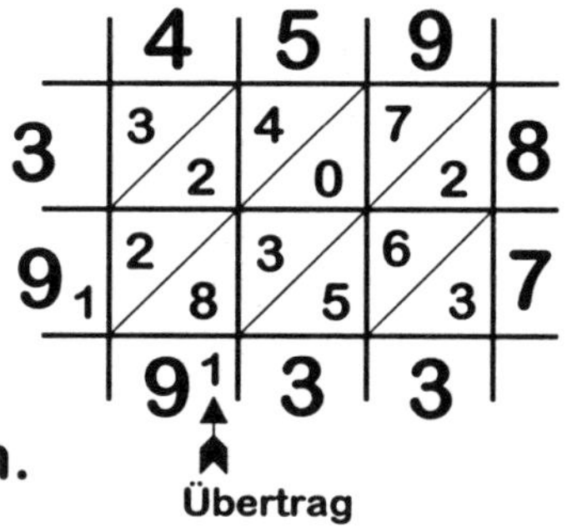

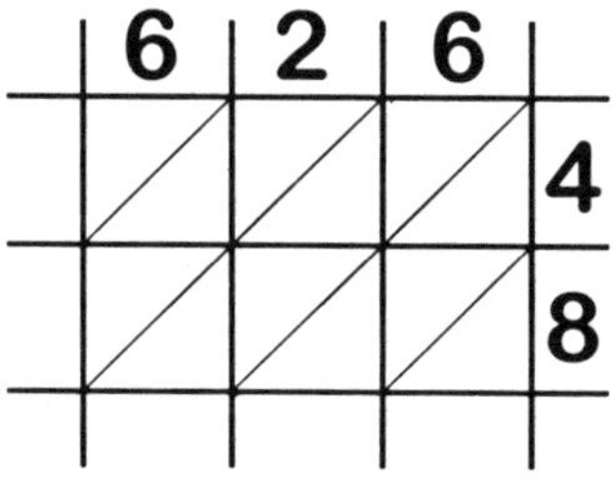

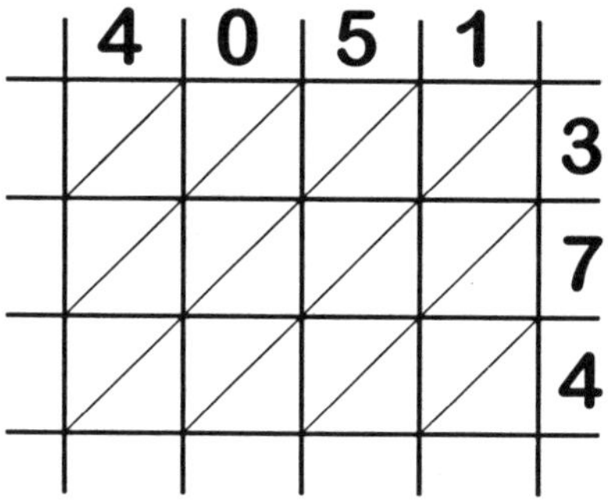

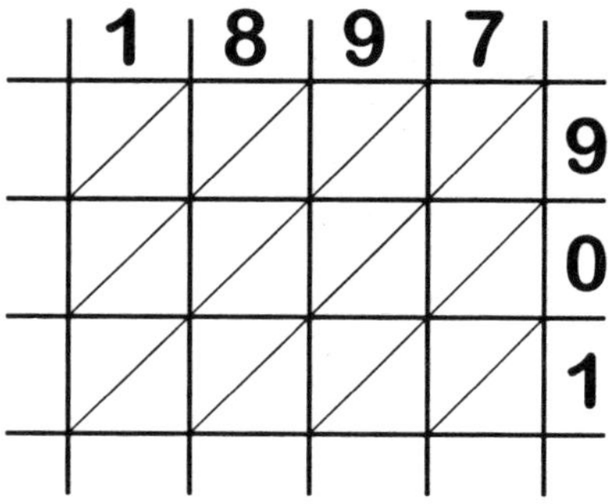

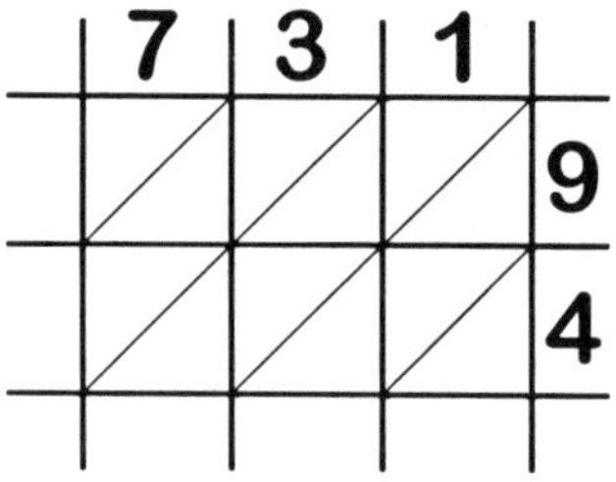

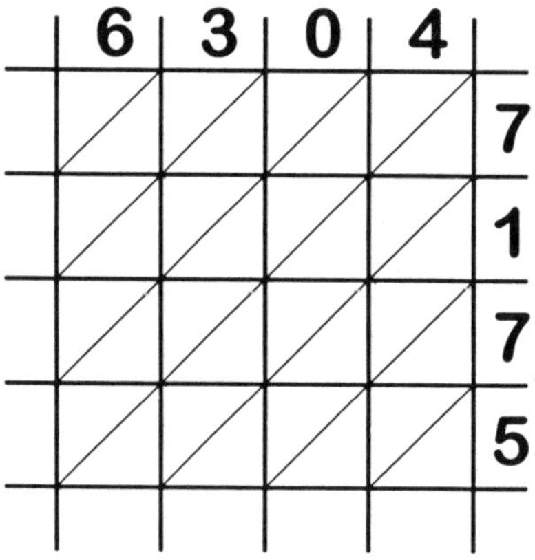

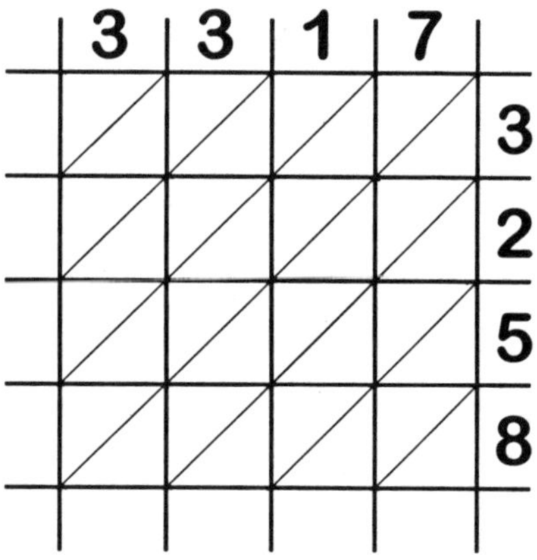

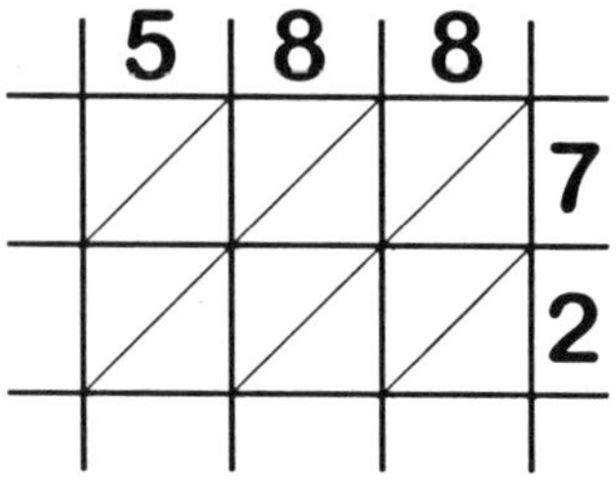

Wie die Inder und Araber multiplizierten

	6	2	6	
3_1	2/4	0/8	2/4	4
0_2	4/8	1/6	4/8	8
	0^1	4	8	

	7	3	1	
6	6/3	2/7	0/9	9
8_1	2/8	1/2	0/4	4
	7^1	1	4	

	5	8	8	
4_1	3/5	5/6	5/6	7
2_1	1/0	1/6	1/6	2
	3^1	3	6	

	4	0	5	1	
1	1/2	0/0	1/5	0/3	3
5_1	2/8	0/0	3/5	0/7	7
1_1	1/6	0/0	2/0	0/4	4
	5^1	0	7	4	

	6	3	0	4	
4	4/2	2/1	0/0	2/8	7
5_1	0/6	0/3	0/0	0/4	1
2_1	4/2	2/1	0/0	2/8	7
3_1	3/0	1/5	0/0	2/0	5
	1^1	2^1	0	0	

	1	8	9	7	
1_1	0/9	7/2	8/1	6/3	9
7_1	0/0	0/0	0/0	0/0	0
0	0/1	0/8	0/9	0/7	1
	9^1	1	9	7	

	3	3	1	7	
1_1	0/9	0/9	0/3	2/1	3
0_1	0/6	0/6	0/2	1/4	2
8_2	1/5	1/5	0/5	3/5	5
0_1	2/4	2/4	0/8	5/6	8
	6^1	7^1	8	6	

Prof. Nosenix' Trickkiste

Historische Verfahren - zeitgemäß aufbereitet

Die geheimnisvollen Zahlen der Pythagoreer

**Pythagoras, der von 570 v. Chr. - 497/496 v. Chr. lebte, gründete in Kroton (Unteritalien) um 532 v. Chr. den Bund der Pythagoreer, der es sich u. a. zur Aufgabe gemacht hatte, das Wesen der Zahl zu erforschen. So teilten sie die Zahlen in zwei Kategorien ein: »Die ungeraden Zahlen sind der rechten Seite, der Grenze, dem Männlichen, Ruhenden, Geraden, dem Licht, dem Guten und - geometrisch ausgedrückt - dem Quadrat zugeordnet.
Frei nach dem Zitter-Mord-Motto: Quadratisch, praktisch, gut.
Was sie damit meinten, erkennst du, wenn du das Schema weiter fortführst. Du erhältst die Quadratzahlen zwischen 1 und 400.**

Quadratzahlen als Summe der Punkte in den Feldern

1 4 9

Ungerade Anzahl von Punkten in den einzelnen abgegrenzten Feldern

1 3 5

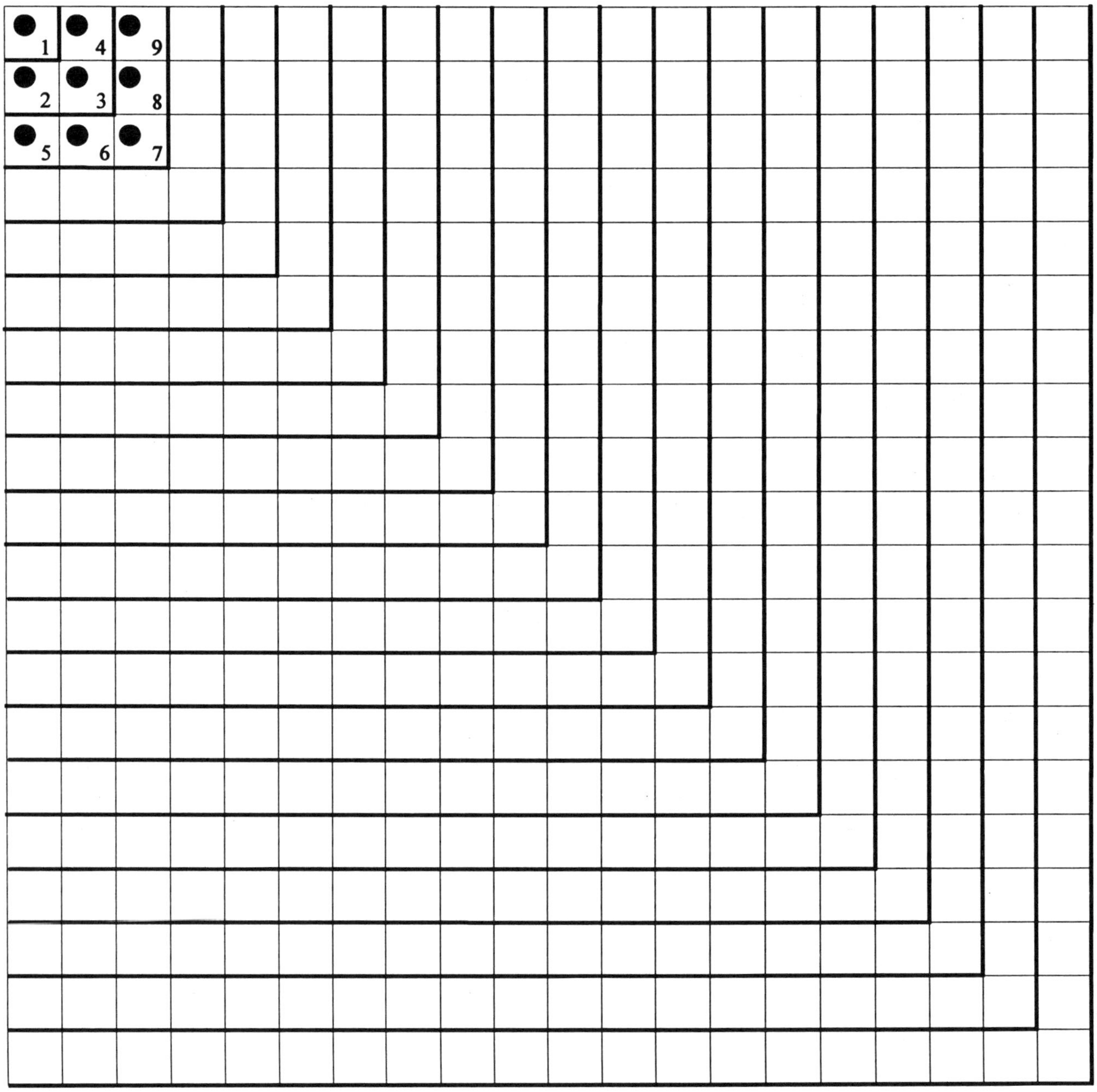

Die geheimnisvollen Zahlen der Pythagoreer

Quadratzahlen als Summe der Punkte in den Feldern

1	4	9	16	25	36	49	64	81	100	121	144	169	196	225	256	289	324	361	400

Ungerade Anzahl von Punkten in den einzelnen abgegrenzten Feldern

1	3	5	7	9	11	13	15	17	19	21	23	25	27	29	31	33	35	37	39

1	4	9	16	25	36	49	64	81	100	121	144	169	196	225	256	289	324	361	400
2	3	8	15	24	35	48	63	80	99	120	143	168	195	224	255	288	323	360	399
5	6	7	14	23	34	47	62	79	98	119	142	167	194	223	254	287	322	359	398
10	11	12	13	22	33	46	61	78	97	118	141	166	193	222	253	286	321	358	397
17	18	19	20	21	32	45	60	77	96	117	140	165	192	221	252	285	320	357	396
26	27	28	29	30	31	44	59	76	95	116	139	164	191	220	251	284	319	356	395
37	38	39	40	41	42	43	58	75	94	115	138	163	190	219	250	283	318	355	394
50	51	52	53	54	55	56	57	74	93	114	137	162	189	218	249	282	317	354	393
65	66	67	68	69	70	71	72	73	92	113	136	161	188	217	248	281	316	353	392
82	83	84	85	86	87	88	89	90	91	112	135	160	187	216	247	280	315	352	391
101	102	103	104	105	106	107	108	109	110	111	134	159	186	215	246	279	314	351	390
122	123	124	125	126	127	128	129	130	131	132	133	158	185	214	245	278	313	350	389
145	146	147	148	149	150	151	152	153	154	155	156	157	184	213	244	277	312	349	388
170	171	172	173	174	175	176	177	178	179	180	181	182	183	212	243	276	311	348	387
197	198	199	200	201	202	203	204	205	206	207	208	209	210	211	242	275	310	347	386
226	227	228	229	230	231	232	233	234	235	236	237	238	239	240	241	274	309	346	385
257	258	259	260	261	262	263	264	265	266	267	268	269	270	271	272	273	308	345	384
290	291	292	293	294	295	296	297	298	299	300	301	302	303	304	305	306	307	344	383
325	326	327	328	329	330	331	332	333	334	335	336	337	338	339	340	341	342	343	382
362	363	364	365	366	367	368	369	370	371	372	373	374	375	376	377	378	379	380	381

Prof. Nosenix' Trickkiste

Historische Verfahren - zeitgemäß aufbereitet

Wie Eratosthenes die Primzahlen aussiebte

Eratosthenes von Kyrene (276 - 198 v. Chr.) war Mathematiker, Geograph, Historiker, Dichter und Philologe. Er hatte den Spitznamen »Beta« (Nummer Zwei), weil er auf allen Gebieten gut, aber nie Spitze war.

Er machte sich ein Zahlensieb.

1	2	3	4	5	6	7	8	9	10
11	12	13	14	15	16	17	18	19	20
21	22	23	24	25	26	27	28	29	30
31	32	33	34	35	36	37	38	39	40
41	42	43	44	45	46	47	48	49	50
51	52	53	54	55	56	57	58	59	60
61	62	63	64	65	66	67	68	69	70
71	72	73	74	75	76	77	78	79	80
81	82	83	84	85	86	87	88	89	90
91	92	93	94	95	96	97	98	99	100

Er siebte die Eins aus, weil sie keine Primzahl ist.

	2	3	4	5	6	7	8	9	10
11	12	13	14	15	16	17	18	19	20
21	22	23	24	25	26	27	28	29	30
31	32	33	34	35	36	37	38	39	40
41	42	43	44	45	46	47	48	49	50
51	52	53	54	55	56	57	58	59	60
61	62	63	64	65	66	67	68	69	70
71	72	73	74	75	76	77	78	79	80
81	82	83	84	85	86	87	88	89	90
91	92	93	94	95	96	97	98	99	100

Die Zwei ist Primzahl, aber alle Vielfachen von 2 siebte er aus, weil sie ja durch 2 teilbar sind.

	2	3		5		7		9	
11		13		15		17		19	
21		23		25		27		29	
31		33		35		37		39	
41		43		45		47		49	
51		53		55		57		59	
61		63		65		67		69	
71		73		75		77		79	
81		83		85		87		89	
91		93		95		97		99	

Die nächste nicht ausgesiebte Zahl ist die Drei. Sie ist eine Primzahl, weil sie nur die Teiler 1 und 3 hat. Jetzt siebte er alle Vielfachen von 3 aus, also die 9, 15, 21, ...

	2	3		5		7			
11		13				17		19	
		23		25				29	
31				35		37			
41		43				47		49	
		53		55				59	
61				65		67			
71		73				77		79	
		83		85				89	
91				95		97			

Die nächste nicht ausgesiebte Zahl ist die Fünf. Sie ist eine Primzahl, weil sie nur die Teiler 1 und 5 hat. Folglich werden alle Vielfachen von 5 ausgesiebt: 25, 35, 55, ...

	2	3		5		7			
11		13				17		19	
		23						29	
31						37			
41		43				47		49	
		53						59	
61						67			
71		73				77		79	
		83						89	
91						97			

Die nächste nicht ausgesiebte Zahl ist die Sieben. Sie ist eine Primzahl, weil sie nur die Teiler 1 und 7 hat. Alle Vielfachen von 7 werden ausgesiebt. Das sind nur noch ganz wenige Zahlen.

	2	3		5		7			
11		13				17		19	
		23						29	
31						37			
41		43				47			
		53						59	
61						67			
71		73						79	
		83						89	
						97			

Er konnte jetzt aufhören, denn die nächste - nicht ausgesiebte Zahl - ist die Elf. Weil 11 · 11 bereits über der Zahl 100 liegt, bricht das Verfahren hier ab. Eratosthenes hatte jetzt alle Primzahlen zwischen 1 und 100.

Wie Eratosthenes die Primzahlen aussiebte

Versuche einmal, es dem Eratosthenes gleichzutun, indem du in dem großen Schema die jeweiligen Vielfachen schwärzt.

1	2	3	4	5	6	7	8	9	10
11	12	13	14	15	16	17	18	19	20
21	22	23	24	25	26	27	28	29	30
31	32	33	34	35	36	37	38	39	40
41	42	43	44	45	46	47	48	49	50
51	52	53	54	55	56	57	58	59	60
61	62	63	64	65	66	67	68	69	70
71	72	73	74	75	76	77	78	79	80
81	82	83	84	85	86	87	88	89	90
91	92	93	94	95	96	97	98	99	100

Prof. Nosenix' Trickkiste

Historische Verfahren - zeitgemäß aufbereitet

Wie Eratosthenes die Primzahlen aussiebte

Schaffst du es mit dem Verfahren des Eratosthenes auch bis 500? Schwärze die Felder, in denen die Vielfachen von 2, 3, 5, 7, ... stehen. Weiter als bis zur Zahl 23 brauchst du nicht. Wenn du alles richtig machst, erhältst du die Primzahlen zwischen 1 und 500. Viel Erfolg!

1	2	3	4	5	6	7	8	9	10	11	12	13	14	15	16	17	18	19	20
21	22	23	24	25	26	27	28	29	30	31	32	33	34	35	36	37	38	39	40
41	42	43	44	45	46	47	48	49	50	51	52	53	54	55	56	57	58	59	60
61	62	63	64	65	66	67	68	69	70	71	72	73	74	75	76	77	78	79	80
81	82	83	84	85	86	87	88	89	90	91	92	93	94	95	96	97	98	99	100
101	102	103	104	105	106	107	108	109	110	111	112	113	114	115	116	117	118	119	120
121	122	123	124	125	126	127	128	129	130	131	132	133	134	135	136	137	138	139	140
141	142	143	144	145	146	147	148	149	150	151	152	153	154	155	156	157	158	159	160
161	162	163	164	165	166	167	168	169	170	171	172	173	174	175	176	177	178	179	180
181	182	183	184	185	186	187	188	189	190	191	192	193	194	195	196	197	198	199	200
201	202	203	204	205	206	207	208	209	210	211	212	213	214	215	216	217	218	219	220
221	222	223	224	225	226	227	228	229	230	231	232	233	234	235	236	237	238	239	240
241	242	243	244	245	246	247	248	249	250	251	252	253	254	255	256	257	258	259	260
261	262	263	264	265	266	267	268	269	270	271	272	273	274	275	276	277	278	279	280
281	282	283	284	285	286	287	288	289	290	291	292	293	294	295	296	297	298	299	300
301	302	303	304	305	306	307	308	309	310	311	312	313	314	315	316	317	318	319	320
321	322	323	324	325	326	327	328	329	330	331	332	333	334	335	336	337	338	339	340
341	342	343	344	345	346	347	348	349	350	351	352	353	354	355	356	357	358	359	360
361	362	363	364	365	366	367	368	369	370	371	372	373	374	375	376	377	378	379	380
381	382	383	384	385	386	387	388	389	390	391	392	393	394	395	396	397	398	399	400
401	402	403	404	405	406	407	408	409	410	411	412	413	414	415	416	417	418	419	420
421	422	423	424	425	426	427	428	429	430	431	432	433	434	435	436	437	438	439	440
441	442	443	444	445	446	447	448	449	450	451	452	453	454	455	456	457	458	459	460
461	462	463	464	465	466	467	468	469	470	471	472	473	474	475	476	477	478	479	480
481	482	483	484	485	486	487	488	489	490	491	492	493	494	495	496	497	498	499	500

Wie Eratosthenes die Primzahlen aussiebte

	2	3		5		7				11		13				17		19	
		23						29		31						37			
41		43				47						53						59	
61						67				71		73						79	
		83						89								97			
101		103				107		109				113							
						127				131						137		139	
								149		151						157			
		163				167						173						179	
181										191		193				197		199	
										211									
		223				227		229				233						239	
241										251						257			
		263						269		271						277			
281		283										293							
						307				311		313				317			
										331						337			
						347		349				353						359	
						367						373						379	
		383						389								397			
401								409										419	
421										431		433						439	
		443						449								457			
461		463				467												479	
						487				491								499	

Wie erhält man vollkommene Zahlen?

Du willst sicherlich wissen, was eine vollkommene Zahl ist? Man nannte früher, als der Mathematik noch der Hauch von Magie und Zauberei anhaftete, eine Zahl vollkommen, wenn die Summe ihrer Teiler genau doppelt so groß war wie die Zahl selbst. Die Zahl Sechs hatte eine ganz besondere Bedeutung, hatte sie doch die Teiler 1, 2, 3, und 6; 1 + 2 + 3 + 6 = 12. Damit war die Sechs eine vollkommene Zahl. 1881 registrierte Peter Barlow von der Britain´s Royal Military Academy die ersten acht vollkommenen Zahlen. Die größte damals bekannte vollkommene Zahl war 2 305 843 008 139 952 128. Wie findet man vollkommene Zahlen? Das wollen wir jetzt einmal herausfinden.

Was Primzahlen sind und wie Eratosthenes sie ausgesiebt hat, ist dir bekannt: Primzahlen haben genau zwei Teiler, die 1 und sich selber.

Mersenne, ein französischer Mathematiker und Musiktheoretiker, der von 1588 bis 1648 lebte, stellte fest, dass einige Zahlen, die man nach der Vorschrift $2^n - 1$ (n = 1, 2, 3, ...) bildete, Primzahlen sind.

Beispiel: $2^5 - 1 = 31$ ist eine solche Primzahl

Ihm zu Ehren nennt man diese besonderen Primzahlen Mersenne-Primzahlen. Aber Vorsicht is cool, man! Nicht alle nach dieser Vorschrift gebildeten Zahlen sind wirklich Primzahlen. Stelle einmal fest, welche Zahlen tatsächlich Primzahlen sind. Unter den 13 Zahlen gibt es tatsächlich nur 5 Primzahlen.

n	1	2	3	4	5	6	7	8	9	10	11	12	13
$2^n - 1$													

Der griechische Mathematiker Euklid bewies lange, lange vorher, dass eine Zahl nur vollkommen sein kann, wenn sie die Form $(2^n - 1)\cdot 2^{n-1}$ hat und $2^n - 1$ eine Primzahl ist.
Wenn du die obige Tabelle richtig ausgefüllt hast und weißt, welche der Zahlen Mersenne-Primzahlen sind, dann findest du sehr schnell weitere vier vollkommene Zahlen:

(1) $(2^2 - 1) \cdot 2^{2-1} = 6$ [Teiler 1, 2, 3, 6]
(2) ______________________
(3) ______________________
(4) ______________________
(5) ______________________

Drei weitere vollkommene Zahlen will ich dir der Vollständigkeit halber nennen: 8 589 869 056, 137 438 691 328 und 265 845 599 156 983 174 465 469 561 595 384 217.

Wie erhält man vollkommene Zahlen?

Zur Information (WAZ-Bericht)

Franzose stellte neuen Primzahlrekord auf

Über 420 000 Stellen - Ingenieur arbeitete monatelang an 18 PC-Geräten

PARIS (dpa) Nach neunmonatiger Arbeit an 18 miteinander verbundenen Personal-Computern hat der französische Ingenieur Joel Armengaud nach eigenen Aussagen die bisher längste bekannte Primzahl entdeckt.

„Es gab nur eine Chance von 1:35 000, daß diese Zahl in der Tat eine Primzahl war", sagte Armengaud (29) in Paris. Die Zahl hat mehr als 420 000 Stellen und wird von Mathematikern als „zwei hoch 1 398 269 weniger eins" bezeichnet.

Bei der Zahl handelt es sich um die 35. Zahl von Mersenne. Der französische Mathematiker Marin Mersenne hatte 1644 eine (später vervollständigte) Gleichung entdeckt, nach der Zahlen der Formel „zwei hoch n minus 1" Primzahlen wären.

Primzahlen sind alle Zahlen (außer eins), die nur durch eins oder sich selber teilbar sind. Rekorde bei der Suche nach der längsten Primzahl waren zuvor von einem Angestellten des US-Computerherstellers Cray aufgestellt worden.

n	1	2	3	4	5	6	7	8	9	10	11	12	13
$2^n - 1$	~~1~~	3	7	~~15~~	31	~~63~~	127	~~255~~	~~511~~	~~1023~~	~~2047~~	~~4095~~	8191

(1) $(2^2 - 1) \cdot 2^{2-1} = 6$ [Teiler 1, 2, 3, 6]

(2) $(2^3 - 1) \cdot 2^{3-1} = 28$ [Teiler 1, 2, 4, 7, 14, 28]

(3) $(2^5 - 1) \cdot 2^{5-1} = 496$ [Teiler 1, 2, 4, 8, 62, 124, 248, 496]

(4) $(2^7 - 1) \cdot 2^{7-1} = 8128$ [Teiler 1, 2, 4, 8, 16, 32, 64, 127, 254, 508, 1016, 2032, 4064, 8128]

(5) $(2^{13} - 1) \cdot 2^{13-1} = 33550336$ [Teiler 1, 2, 4, 8, 16, 32, 64, 128, 256, 512, 1024, 2048, 4096, 8191, 16382, 32764, 65528, 131056, 262112, 524224, 1048448, 2096896, 4193792, 8387584, 16775168, 33550336]

Prof. Nosenix' Trickkiste

Historische Verfahren - zeitgemäß aufbereitet

Magische Quadrate

Die Pythagoreer, eine Art Geheimbund, den Pythagoras um 532 v. Chr. in Oberitalien gründete, ritzten sich in Silberplättchen »Magische Quadrate« und erhofften sich davon heilende Wirkung. Noch im Mittelalter und in der Renaissance wurden sie als Glücksbringer betrachtet und sollten gegen Pest und Cholera helfen.
Albrecht Dürer (1471 - 1528) schuf 1514 das Bild Melancholie, in dem sich ein Magisches Quadrat befindet:

16	3	2	13
5	10	11	8
9	6	7	12
4	15	14	1

Addiere einmal alle Zahlen in jeder einzelnen Zeile, jeder einzelnen Spalte und in jeder der Diagonalen. Was erhältst du jeweils?

Man nennt diese Form »Jupiterquadrat«. Im 16. Jahrhundert glaubte man, dass es dem Besitzer Reichtum, Friede und Eintracht bringen würde.

Schaffst du es, Zahlen so einzusetzen, dass »Magische Quadrate« entstehen?

5		9
	6	
		7

		9	4
3		6	
2		7	
	8	12	1

17	24	1		15
	5	7	14	
4	6		20	
10	12			3
	18	25	2	

47		69	80	1	12	23	34	
57	68		9	11	22		44	46
67		8	10	21		43	54	56
77	7	18	20	31	42		55	
6	17		30	41	52	63		76
16	27		40			64	75	5
	28	39	50	61	72	74	4	15
36	38	49	60	71		3	14	25
	48		70	81	2	13	24	35

	39	48	1		19	28
38		7		18	27	
	6	8	17	26	35	
5	14		25	34		45
13		24		42	44	4
21	23		41	43	3	12
22		40	49	2		20

Magische Quadrate

16	3	2	13	34
5	10	11	8	34
9	6	7	12	34
4	15	14	1	34
34	34	34	34	

Diagonalen: 34, 34

5	4	9
10	6	2
3	8	7

18

16	5	9	4
3	10	6	15
2	11	7	14
13	8	12	1

34

17	24	1	8	15
23	5	7	14	16
4	6	13	20	22
10	12	19	21	3
11	18	25	2	9

65

47	58	69	80	1	12	23	34	45
57	68	79	9	11	22	33	44	46
67	78	8	10	21	32	43	54	56
77	7	18	20	31	42	53	55	66
6	17	19	30	41	52	63	65	76
16	27	29	40	51	62	64	75	5
26	28	39	50	61	72	74	4	15
36	38	49	60	71	73	3	14	25
37	48	59	70	81	2	13	24	35

369

30	39	48	1	10	19	28
38	47	7	9	18	27	29
46	6	8	17	26	35	37
5	14	16	25	34	36	45
13	15	24	33	42	44	4
21	23	32	41	43	3	12
22	31	40	49	2	11	20

175

Die Zahlzeichen der Römer

Die Römer benutzten vor 2000 Jahren folgende Zahlzeichen:

I	V	X	L	C	D	M
1	5	10	50	100	500	1000

Bei der Darstellung von Zahlen entwickelten sich im Laufe der Zeit folgende Regeln:

I. **Jedes der Zeichen I, X, C, M darf höchstens dreimal hintereinander vorkommen.**

II. **Die Zeichen werden der Größe nach geordnet. Man beginnt mit dem größten Zeichen. Die Werte der Zeichen werden addiert. Ausnahme: Die Zeichen I, X oder C dürfen einmal vor einem Zeichen mit einem höheren Wert stehen. Sie werden dann subtrahiert.**

III. **Die Zeichen V, L und D dürfen je nur einmal auftauchen.**

Du schaffst es ganz bestimmt, die römischen Zahlzeichen in die heutige Schreibweise zu übertragen:

XII XXI LXXV CXI MD DC

CD XL IV XIX CLXII

MMCCXL CCXXXIV MCMXCVII

Schreibe mit römischen Zahlzeichen:

104 87 456 1340

2001 893 1649 999

Kannst du die fehlenden römischen Zahlzeichen so eintragen, dass sich magische Quadrate ergeben?

			I
II		VII	
	X	VI	XV
XVI		IX	IV

IV		V	
XV	VI	X	
		XI	II
I		VIII	

Die Zahlzeichen der Römer

Die Römer benutzten vor 2000 Jahren folgende Zahlzeichen:

I	V	X	L	C	D	M
1	5	10	50	100	500	1000

Bei der Darstellung von Zahlen entwickelten sich im Laufe der Zeit folgende Regeln:

I. Jedes der Zeichen I, X, C, M darf höchstens dreimal hintereinander vorkommen.

II. Die Zeichen werden der Größe nach geordnet. Man beginnt mit dem größten Zeichen. Die Werte der Zeichen werden addiert.
Ausnahme: Die Zeichen I, X oder C dürfen einmal vor einem Zeichen mit einem höheren Wert stehen. Sie werden dann subtrahiert.

III. Die Zeichen V, L und D dürfen je nur einmal auftauchen.

Du schaffst es ganz bestimmt, die römischen Zahlzeichen in die heutige Schreibweise zu übertragen:

XII 12 XXI 21 LXXV 75 CXI 111 MD 1500 DC 600

CD 400 XL 40 IV 4 XIX 19 CLXII 162

MMCCXL 2240 CCXXXIV 234 MCMXCVII 1997

Schreibe mit römischen Zahlzeichen:

104	87	456	1340
CIV	LXXXVII	CDLVI	MCCCXL
2001	**893**	**1649**	**999**
CIV	DCCCXCIII	MDCIL	IM

Kannst du die fehlenden römischen Zahlzeichen so eintragen, dass sich magische Quadrate ergeben?

XIII	VIII	XII	I
II	XI	VII	XIV
III	X	VI	XV
XVI	V	IX	IV

IV	IX	V	XVI
XV	VI	X	III
XIV	VII	XI	II
I	XII	VIII	XIII

Prof. Nosenix' Trickkiste

Historische Verfahren - zeitgemäß aufbereitet

Wie »per cento« zu % mutierte

Italien war zur Zeit des Mittelalters der Anziehungspunkt für deutsche Kaufleute aus Augsburg, Ulm, Ravensburg und anderen bedeutenden Handelszentren. Hier gingen sie in die Schule für Kaufleute und erlernten ihre Ausbildung.
Ein ganz wichtiger Begriff war »per cento« und bedeutete so viel wie »von hundert«.
In der Mathematik kürzen wir Prozent durch % ab. Wie kam es dazu. Vielleicht standen die italienischen Kaufleute immer unter Stress.

Anfangs schrieben sie so: *cento*

Daraus wurde abgekürzt: *cto*

Es entwickelte sich eine kleine Variante: 

Und wenn man das ein wenig schludrig schreibt, entsteht so etwas: 

Jetzt ist es nicht mehr allzu weit zu unserem heutigen Zeichen: 

Und da ist es endlich, unser heutiges Prozentzeichen: %

Man schreibt z. B.: $3\,\% = \frac{3}{100}$ $25\,\% = \frac{25}{100}$ $50\,\% = \frac{50}{100}$ $130\,\% = \frac{130}{100}$

Schreibe jede Prozentangabe als Hundertstel und kürze, wenn möglich:

a) 4 % = b) 8 % = c) 65 % = d) 17 % =

e) 10 % = f) 25 % = g) 50 % = h) 75 % =

Wie viel Prozent der Fläche sind jeweils gekennzeichnet?

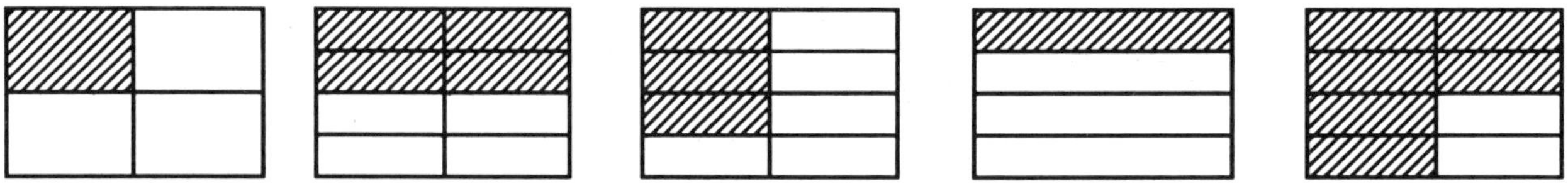

Färbe in die Figuren den angegebenen Prozentsatz ein.

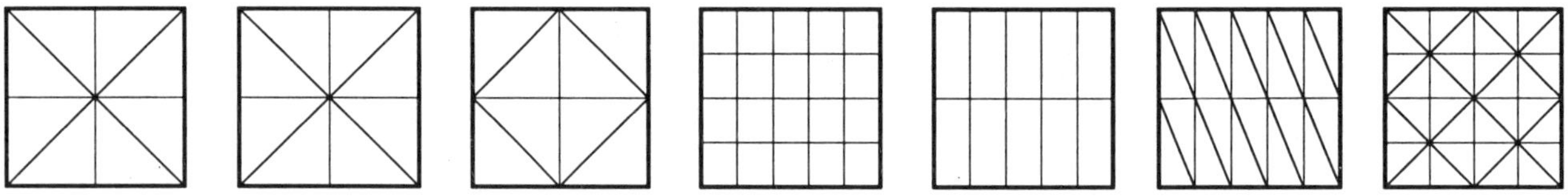

25 % 62,5 % 50 % 35 % 40 % 15 % 15,625 %

Wie viel Prozent sind es jeweils? Rechne im Kopf.

a) 20 DM von 50 DM b) 45 t von 135 t

c) 4 kg von 10 kg d) 15 DM von 25 DM

e) 10 von 50 Schülern f) 50 von 250 Frauen

g) 78 t von 200 t h) 8 $ von 40 $

Wie »per cento« zu % mutierte

Schreibe jede Prozentangabe als Hundertstel und kürze, wenn möglich:

a) $4\,\% = \frac{4}{100} = \frac{1}{25}$ b) $8\,\% = \frac{8}{100} = \frac{2}{25}$ c) $65\,\% = \frac{65}{100} = \frac{13}{20}$ d) $17\,\% = \frac{17}{100}$

e) $10\,\% = \frac{10}{100} = \frac{1}{10}$ f) $25\,\% = \frac{25}{100} = \frac{1}{4}$ g) $50\,\% = \frac{50}{100} = \frac{1}{2}$ h) $75\,\% = \frac{75}{100} = \frac{3}{4}$

Wie viel Prozent der Fläche sind jeweils gekennzeichnet?

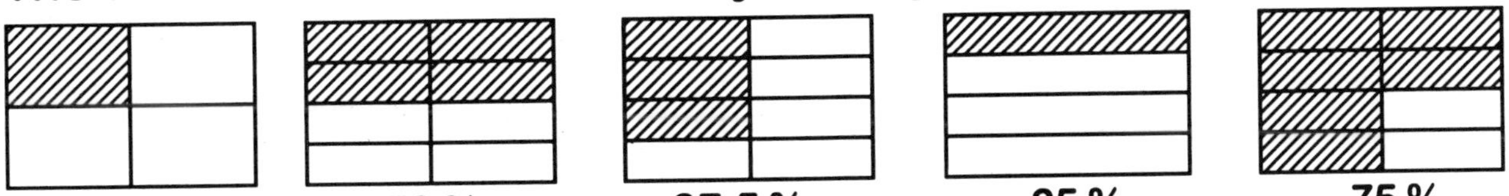

25 % 50 % 37,5 % 25 % 75 %

Färbe in die Figuren den angegebenen Prozentsatz ein.

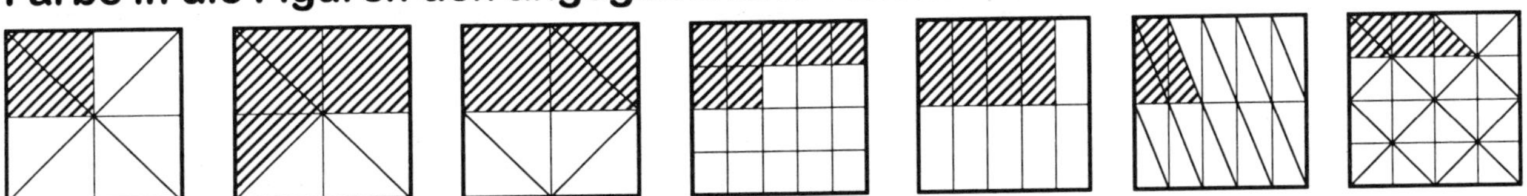

25 % 62,5 % 50 % 35 % 40 % 15 % 15,625 %

Wie viel Prozent sind es jeweils? Rechne im Kopf.

a) 20 DM von 50 DM = 40 % b) 45 t von 135 t = 33 %

c) 4 kg von 10 kg = 40 % d) 15 DM von 25 DM = 60 %

e) 10 von 50 Schülern = 20 % f) 50 von 250 Frauen = 20 %

g) 78 t von 200 t = 39 % h) 8 $ von 40 $ = 20 %

Prof. Nosenix' Trickkiste

Historische Verfahren - zeitgemäß aufbereitet

Wie die Ägypter Hau-Rechnungen durchführten (1)

Du willst sicherlich wissen, was Hau-Rechnungen sind, oder? Unter einem »Haufen« verstanden die alten Ägypter eine Zahl, die sie noch nicht kannten und erst ermitteln mussten. Typisch für solche Rechnungen ist die folgende Aufgabe:

»Haufen sein Viertel, sein Ganzes, es macht 15.«

Wir würden heute kürzer schreiben $x + \frac{x}{4} = 15$

Wie du siehst, stellten die Ägypter durch ihre Hieroglyphen bereits Brüche dar, aber nur Stammbrüche, die den Zähler 1 hatten:

Wenn du Schüler/in im alten Ägypten und besonders begabt gewesen wärst, hättest du im Alter zwischen sechs und zehn Jahren zunächst das Schreiben erlernt, um dann nach einer Ausbildung von drei bis vier Jahren unter der Obhut eines erfahrenen Beamten kleinere Aufträge zu erledigen. Übersetze als kleinen Auftrag die folgenden Hau-Aufgaben in unsere Schreibweise:

a) 

b) 

c) 

d) 

e) 

f) 

g) 

Prof. Nosenix' Trickkiste

Historische Verfahren - zeitgemäß aufbereitet

Wie die Ägypter Hau-Rechnungen durchführten (1)

Du willst sicherlich wissen, was Hau-Rechnungen sind, oder? Unter einem »Haufen« verstanden die alten Ägypter eine Zahl, die sie noch nicht kannten und erst ermitteln mussten. Typisch für solche Rechnungen ist die folgende Aufgabe:

»Haufen sein Viertel, sein Ganzes, es macht 15.«

Wir würden heute kürzer schreiben $x + \frac{x}{4} = 15$

Wie du siehst, stellten die Ägypter durch ihre Hieroglyphen bereits Brüche dar, aber nur Stammbrüche, die den Zähler 1 hatten:

$\frac{1}{2}$ $\frac{1}{3}$ $\frac{1}{4}$ $\frac{1}{5}$ $\frac{1}{6}$ $\frac{1}{13}$

Wenn du Schüler/in im alten Ägypten und besonders begabt gewesen wärst, hättest du im Alter zwischen sechs und zehn Jahren zunächst das Schreiben erlernt, um dann nach einer Ausbildung von drei bis vier Jahren unter der Obhut eines erfahrenen Beamten kleinere Aufträge zu erledigen. Übersetze als kleinen Auftrag die folgenden Hau-Aufgaben in unsere Schreibweise:

a) 

»Haufen sein Drittel, sein Ganzes, es macht 36.« $x + \frac{x}{3} = 36$

b) 

»Haufen sein Fünftel, sein Ganzes, es macht 30.« $x + \frac{x}{5} = 30$

c) 

»Haufen sein Achtel, sein Ganzes, es macht 18.« $x + \frac{x}{8} = 18$

d) 

»Haufen sein Zwölftel, sein Ganzes, es macht 52.« $x + \frac{x}{12} = 52$

e) 

»Haufen sein Siebtel, sein Ganzes, es macht 104.« $x + \frac{x}{7} = 104$

f) 

»Haufen sein Neuntel, sein Ganzes, es macht 60.« $x + \frac{x}{9} = 60$

g) 

»Haufen sein Elftel, sein Ganzes, es macht 156.« $x + \frac{x}{11} = 156$

Wie die Ägypter Hau-Rechnungen durchführten (2)

In Schriftrollen hielten die Ägypter fest, wie man Aufgaben berechnet. Bekannt ist die nach seinem Entdecker A. H. Rhind benannte Schriftrolle Papyros Rhind. Dieses älteste mathematische Handbuch wurde vom Schreiber Achmes, der um 1700 v. Chr. lebte, mit 84 Aufgaben und ihren Lösungen gefüllt.
Hau-Rechnungen wie »Haufen sein Viertel, sein Ganzes, es gibt 15.« wurden so gelöst, dass man wegen des Bruches zunächst die »günstige« Zahl 4 für den »Haufen« ansetzte. Leider ergab der »Haufen und sein Viertel« aber nur 5. Weil aber das Ergebnis 15 sein sollte, verdreifachten sie einfach die Zahl, die sie angenommen hatten und erhielten jetzt das richtige Ergebnis 12. War doch nicht so schwer, oder?
Sicherlich bist du jetzt in der Lage, die Aufgaben, die du übersetzt hast, auch zu lösen!

a) 

b) 

c) 

d) 

e) 

f) 

g) 

Historische Verfahren - zeitgemäß aufbereitet

Wie die Ägypter Hau-Rechnungen durchführten (2)

In Schriftrollen hielten die Ägypter fest, wie man Aufgaben berechnet. Bekannt ist die nach seinem Entdecker A. H. Rhind benannte Schriftrolle Papyros Rhind. Dieses älteste mathematische Handbuch wurde vom Schreiber Achmes, der um 1700 v. Chr. lebte, mit 84 Aufgaben und ihren Lösungen gefüllt.
Hau-Rechnungen wie »Haufen sein Viertel, sein Ganzes, es gibt 15.« wurden so gelöst, dass man wegen des Bruches zunächst die »günstige« Zahl 4 für den »Haufen« ansetzte. Leider ergab der »Haufen und sein Viertel« aber nur 5. Weil aber das Ergebnis 15 sein sollte, verdreifachten sie einfach die Zahl, die sie angenommen hatten und erhielten jetzt das richtige Ergebnis 12. War doch nicht so schwer, oder?
Sicherlich bist du jetzt in der Lage, die Aufgaben, die du übersetzt hast, auch zu lösen!

a) 

»Haufen sein Drittel, sein Ganzes, es macht 36.« $x + \frac{x}{3} = 36$

x = 27

b) 

»Haufen sein Fünftel, sein Ganzes, es macht 30.« $x + \frac{x}{5} = 30$

x = 25

c) 

»Haufen sein Achtel, sein Ganzes, es macht 18.« $x + \frac{x}{8} = 18$

x = 16

d) 

»Haufen sein Zwölftel, sein Ganzes, es macht 52.« $x + \frac{x}{12} = 52$

x = 48

e) 

»Haufen sein Siebtel, sein Ganzes, es macht 104.« $x + \frac{x}{7} = 104$

x = 91

f) 

»Haufen sein Neuntel, sein Ganzes, es macht 60.« $x + \frac{x}{9} = 60$

x = 54

g) 

»Haufen sein Elftel, sein Ganzes, es macht 156.« $x + \frac{x}{11} = 156$

x = 143

Prof. Nosenix' Trickkiste

Historische Verfahren - zeitgemäß aufbereitet

So stellten die Babylonier Zahlen dar (1)

Um 3000 v. Chr. benutzten die Babylonier zwei verschiedene Griffel, um Zeichen in weichen Ton einzudrücken.
Ein senkrecht stehender Keil stand für die Eins: .

Ein nach links weisender Keil stand für die Zehn: .

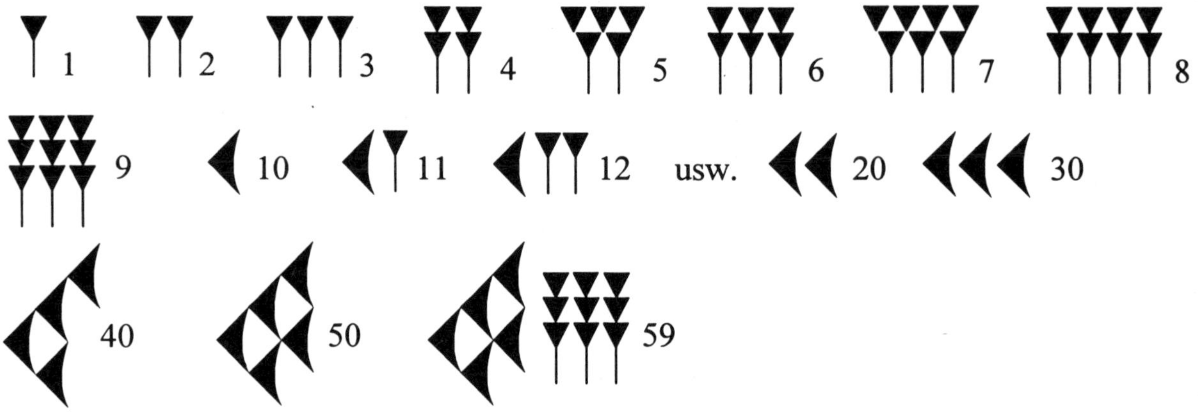

Weiter als 59 gingen die Babylonier nicht mit ihrer Keilschrift, weil sonst die ganze Angelegenheit zu unübersichtlich geworden wäre.
Hatten sie größere Zahlen darzustellen, dann spalteten sie diese auf:

$376 = 6 \cdot 60 + 16$ Keilschrift 

$2583 = 43 \cdot 60 + 3$ Keilschrift 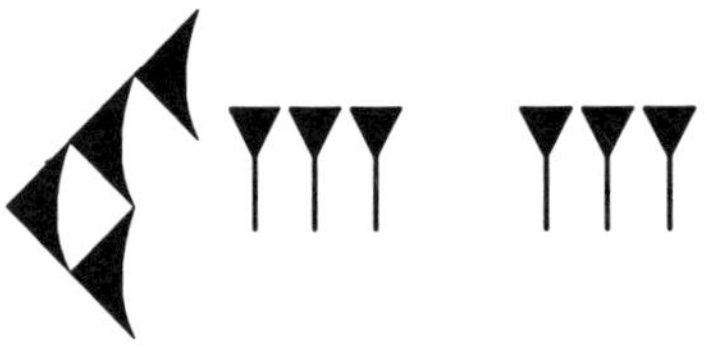

$14528 = 4 \cdot 60 \cdot 60 + 2 \cdot 60 + 8$ Keilschrift 

Hast du ihr Verfahren durchschaut? Dann übersetze einmal die Keilschrift der Babylonier in unsere Zahlendarstellung.

a) 

b) 

c) 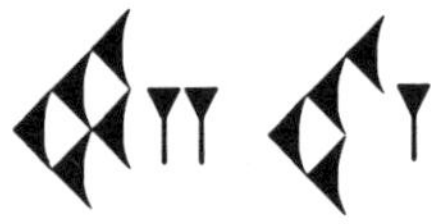

d) 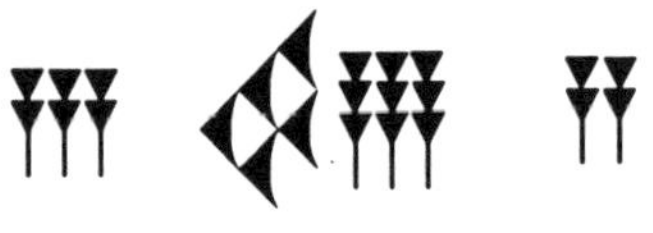

e) 

Historische Verfahren - zeitgemäß aufbereitet

So stellten die Babylonier Zahlen dar (1)

Um 3000 v. Chr. benutzten die Babylonier zwei verschiedene Griffel, um Zeichen in weichen Ton einzudrücken.
Ein senkrecht stehender Keil stand für die Eins:  **.**

Ein nach links weisender Keil stand für die Zehn:  **.**

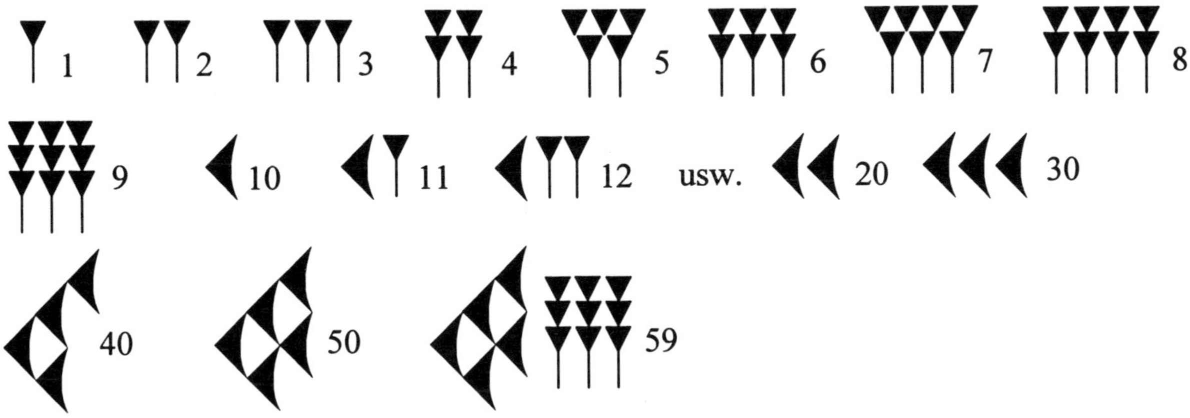

Weiter als 59 gingen die Babylonier nicht mit ihrer Keilschrift, weil sonst die ganze Angelegenheit zu unübersichtlich geworden wäre.
Hatten sie größere Zahlen darzustellen, dann spalteten sie diese auf:

376 = 6 · 60 + 16 **Keilschrift** 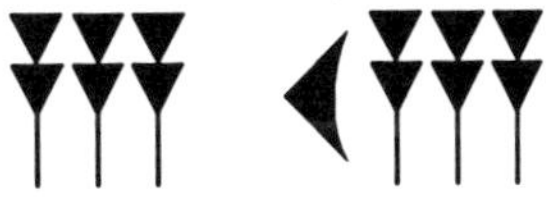

2583 = 43 · 60 + 3 **Keilschrift** 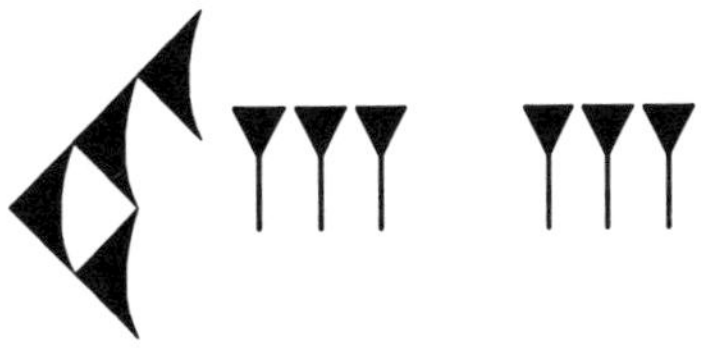

14528 = 4 · 60 · 60 + 2 · 60 + 8 **Keilschrift** 

Hast du ihr Verfahren durchschaut? Dann übersetze einmal die Keilschrift der Babylonier in unsere Zahlendarstellung.

a)  **= 11 · 60 + 9 = 669**

b)  **= 34 · 60 + 5 = 2045**

c) 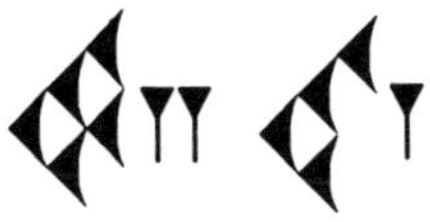 **= 52 · 60 + 41 = 3161**

d)  **= 6 · 60 · 60 + 59 · 60 + 4**

e)  **= 21 · 60 · 60 + 34 · 60 + 46 = 77686**

Prof. Nosenix' Trickkiste

Historische Verfahren - zeitgemäß aufbereitet

So stellten die Babylonier Zahlen dar (2)

Kannst du einem Babylonier aus grauer Vorzeit unsere Zahlen in seine Keilschrift übertragen? Danke daran, dass du die Zahl entweder durch 60, 3600 = 60 · 60 oder 216000 = 60 · 60 · 60 teilen musst, wenn sie entsprechend groß ist.

Beispiel: 1 453 387 = 6 · 216 000 + 43 · 3 600 + 43 · 60 + 7

Keilschrift 

a) 187

b) 829

c) 2 381

d) 3 599

e) 6 805

f) 7 346

g) 12 907

h) 25 837

i) 99 312

j) 100 213

k) 117 564

l) 3 509 831

So stellten die Babylonier Zahlen dar (2)

Kannst du einem Babylonier aus grauer Vorzeit unsere Zahlen in seine Keilschrift übertragen? Danke daran, dass du die Zahl entweder durch 60, 3600 = 60 · 60 oder 216000 = 60 · 60 · 60 teilen musst, wenn sie entsprechend groß ist.

Beispiel: 1 453 387 = 6 · 216 000 + 43 · 3 600 + 43 · 60 + 7

Keilschrift 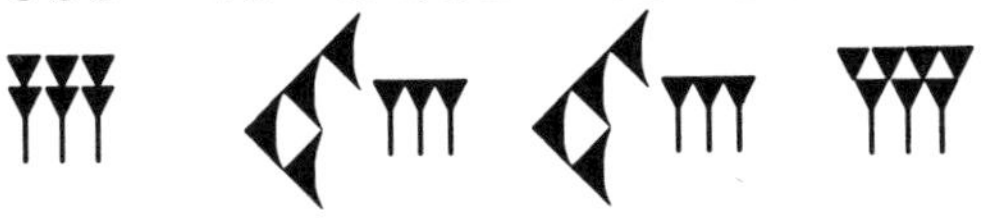

a) 187
= 3 · 60 + 7 

b) 829
= 13 · 60 + 49 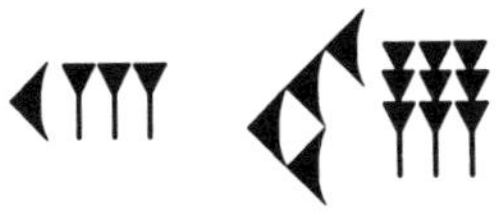

c) 2 381
= 39 · 60 + 41 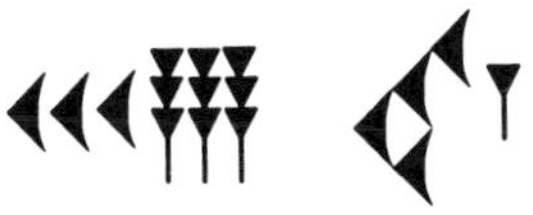

d) 3 599
= 59 · 60 + 59 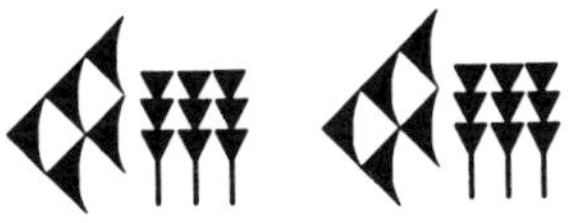

e) 6 805
= 1 · 3 600 + 53 · 60 + 25 

f) 7 346
= 2 · 3 600 + 2 · 60 + 25 

g) 12 907
= 3 · 3 600 + 35 · 60 + 7 

h) 25 837
= 7 · 3 600 + 10 · 60 + 37 

i) 99 312
= 27 · 3 600 + 35 · 60 + 12 

j) 100 213
= 27 · 3 600 + 50 · 60 + 13 

k) 117 564
= 32 · 3 600 + 39 · 60 + 24 

l) 3 509 831
= 16 · 216 000 + 14 · 3 600 + 57 · 60 + 11 

Wie man im Mittelalter die Wurzel zog

Im Mittelalter zog man nur näherungsweise die Wurzel. Wollte man z. B. $\sqrt{83}$ berechnen, so »spaltete« man 83 auf in eine nahe gelegene Quadratzahl und den »schäbigen« Rest:

$$\sqrt{83} = \sqrt{81 + 2}$$

und berechnete

$$\sqrt{83} \approx 9 + \frac{2}{2 \cdot 9 + 1}$$

$$\sqrt{83} \approx 9\frac{2}{19}$$

$$\sqrt{83} \approx 9{,}105263158$$

Unser Taschenrechner liefert 9,110433579. Na ja, kann man da nur sagen.

Noch ein Beispiel, dann bist du dran:

$$\sqrt{47} = \sqrt{36 + 11}$$

$$\sqrt{47} \approx 6 + \frac{11}{2 \cdot 6 + 1}$$

$$\sqrt{47} \approx 6\frac{11}{13}$$

$$\sqrt{47} \approx 6{,}846153846 \text{ (Taschenrechner } 6{,}8556546)$$

Berechne du einmal nach dieser mittelalterlichen Methode die folgenden Aufgaben:

$\sqrt{15}$

$\sqrt{27}$

$\sqrt{39}$

$\sqrt{69}$

$\sqrt{105}$

$\sqrt{145}$

$\sqrt{172}$

$\sqrt{298}$

$\sqrt{229}$

$\sqrt{265}$

$\sqrt{413}$

$\sqrt{642}$

Wie man im Mittelalter die Wurzel zog

$$\sqrt{83} = \sqrt{81 + 2}$$

$$\sqrt{83} \approx 9 + \frac{2}{2 \cdot 9 + 1}$$

$$\sqrt{83} \approx 9\frac{2}{19}$$

Wie kam man zu dieser Lösung?

$83 = 81 + \text{Rest} = (9 + a)^2 = 81 + 2 \cdot 9 \cdot a + a^2$,

also $\text{Rest} = 2 \cdot 9 \cdot a + a^2 = (2 \cdot 9 + a) \cdot a$

Formt man $\text{Rest} = (2 \cdot 9 + a) \cdot a$ nach a um, so ergibt sich

$a \approx \frac{\text{Rest}}{2 \cdot 9 + 1}$, wenn man 1 statt a setzt.

$\sqrt{15}$	$\approx 3\frac{6}{7}$	[$3\frac{6}{7} \approx 3{,}857142857$ (3,872983346)]
$\sqrt{27}$	$\approx 5\frac{2}{11}$	[$5\frac{2}{11} \approx 5{,}\overline{18}$ (5,196152423)]
$\sqrt{39}$	$\approx 6\frac{3}{13}$	[$6\frac{3}{13} \approx 6{,}230769231$ (6,244997998)]
$\sqrt{69}$	$\approx 8\frac{5}{17}$	[$8\frac{5}{17} \approx 8{,}294117647$ (8,306623863)]
$\sqrt{105}$	$\approx 10\frac{5}{21}$	[$10\frac{5}{21} \approx 10{,}238095238$ (10,24695077)]
$\sqrt{145}$	$\approx 12\frac{1}{25}$	[$12\frac{1}{25} \approx 12{,}04$ (12,04159458)]
$\sqrt{172}$	$\approx 13\frac{3}{27}$	[$13\frac{3}{27} \approx 13{,}\overline{1}$ (13,11487705)]
$\sqrt{298}$	$\approx 17\frac{9}{35}$	[$17\frac{9}{35} \approx 17{,}257142857$ (17,2626765)]
$\sqrt{229}$	$\approx 15\frac{4}{31}$	[$15\frac{4}{31} \approx 15{,}129032258$ (15,13274595)]
$\sqrt{265}$	$\approx 16\frac{9}{33}$	[$16\frac{9}{33} \approx 16{,}\overline{27}$ (16,2788206)]
$\sqrt{413}$	$\approx 20\frac{13}{41}$	[$20\frac{13}{41} \approx 20{,}317073171$ (20,32240143)]
$\sqrt{642}$	$\approx 25\frac{17}{51}$	[$25\frac{17}{51} \approx 25{,}\overline{3}$ (25,33771892)]

Wie Heron die Wurzel zog

(Heron von Alexandrien lebte 60 n. Chr.)

Er dachte sich: »Wenn ich doch die Wurzel aus 50 ziehen will, ist das nichts anderes als wenn ich die Seitenlänge eines Quadrats suche, das einen Flächeninhalt von 50 Einheiten (cm², dm², m²) hat. Ich fange ganz gemütlich mit einem Rechteck an, das diesen Flächeninhalt hat und nähere mich dann allmählich einem Quadrat.«

Mit diesem Rechteck fing er an:

$b_0 = 1$

Flächeninhalt A = 50 $a_0 = 50$

Diese ersten Werte verfeinerte er, indem er den Mittelwert bildete:

$$a_1 = \frac{50 + 1}{2}$$

A = 50

$a_1 = 25,5$

$a_1 = 25,5$

Wie groß muss dann b_1 sein?

Klar doch, $b_1 = 1,960784314$,
weil 50 : 25,5 ungefähr 1,960784314 ergibt.

Er bildete wieder den Mittelwert:

$$a_2 = \frac{25,5 + 1,960784314}{2}$$

A = 50

$a_2 = 13,73039216$

$a_2 = 13,73039216$

Wie groß muss dann b_2 sein?

Klar doch, $b_2 = 3,641556586$,
weil 50 : 13,73039216 ungefähr 3,641556586 ergibt.

Er bildete wieder den Mittelwert:

$$a_3 = \frac{13,73039216 + 3,641556586}{2}$$

A = 50

$a_3 = 8,685974373$

$a_3 = 8,685974373$

Wie groß muss dann b_3 sein?

Klar doch, $b_3 = 5,756406578$
weil 50 : 8,685974373 ungefähr 5,756406578 ergibt.

Wie Heron die Wurzel zog

Wenn du dieses Verfahren weiterführst, kommst du beim nächsten Versuch schon auf die Werte 7,221190476 bzw. 6,924066076. Die nächste Mittelwertbildung ergibt 7,072628276 bzw. 7,069507692. Ein weiterer Versuch bringt dann schon eine ganz passable Lösung mit 7,071067984 und 7,07106764. Wie du siehst, nähern sich die Werte sehr schnell an. Die ersten 6 Nachkommastellen sind schon identisch. Du kannst dir vorstellen, dass man, wenn man lange genug weitermacht, eine hohe Genauigkeit erzielt. Heron hatte somit »die Wurzel aus 50 gezogen«.

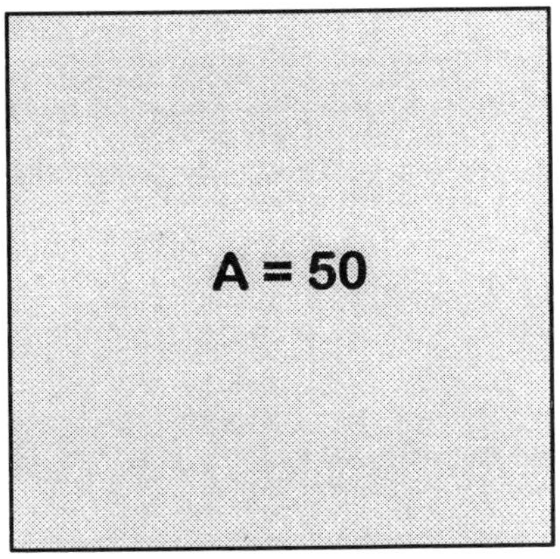

Klar, dass Heron sich nicht jedesmal ein Rechteck aufzeichnete. Er machte sich eine kleine Tabelle, in der er seine Näherungswerte eintrug:

Ziehe die Wurzel aus 50			
a_0	50	b_0	1
a_1	25,5	b_1	1,960784314
a_2	13,73039216	b_2	3,641556586
a_3	8,685974373	b_3	5,756406578
a_4	7,221190476	b_4	6,924066076
a_5	7,072628276	b_5	7,069507692
a_6	7,071067984	b_6	7,07106764

So, jetzt bist du sicherlich in der Lage, ein paar »Würzelchen« auf Heronsche Art zu ziehen.

Wie Heron die Wurzel zog

Jetzt bist du dran! Schaffst du es, wie Heron die Wurzel zu ziehen? Logo, dass du deinen Taschenrechner einsetzen darfst. Mache dir aber klar, dass Heron seine Rechnungen ohne technische Hilfsmittel schaffte.

Ziehe die Wurzel aus 84			
a_0	7	b_0	
a_1		b_1	
a_2		b_2	
a_3		b_3	
a_4		b_4	

Ziehe die Wurzel aus 39			
a_0	5	b_0	
a_1		b_1	
a_2		b_2	
a_3		b_3	
a_4		b_4	

Ziehe die Wurzel aus 135			
a_0	10	b_0	
a_1		b_1	
a_2		b_2	
a_3		b_3	
a_4		b_4	

Ziehe die Wurzel aus 441			
a_0	15	b_0	
a_1		b_1	
a_2		b_2	
a_3		b_3	
a_4		b_4	

Ziehe die Wurzel aus 561			
a_0	20	b_0	
a_1		b_1	
a_2		b_2	
a_3		b_3	
a_4		b_4	

Ziehe die Wurzel aus 4			
a_0	0,5	b_0	
a_1		b_1	
a_2		b_2	
a_3		b_3	
a_4		b_4	
a_5		b_5	
a_6		b_6	

Ziehe die Wurzel aus 751			
a_0	25	b_0	
a_1		b_1	
a_2		b_2	
a_3		b_3	

Ziehe die Wurzel aus 1654			
a_0	40	b_0	
a_1		b_1	
a_2		b_2	
a_3		b_3	

Ziehe die Wurzel aus 6892			
a_0	80	b_0	
a_1		b_1	
a_2		b_2	
a_3		b_3	

Ziehe die Wurzel aus 1000			
a_0	25	b_0	
a_1		b_1	
a_2		b_2	
a_3		b_3	
a_4		b_4	

Na, so schwer war´s ja auch nicht. Und Spaß gemacht hat es außerdem, oder?

Historische Verfahren - zeitgemäß aufbereitet

Wie Heron die Wurzel zog

Ziehe die Wurzel aus 84			
a_0	7	b_0	12
a_1	9,5	b_1	8,842105263
a_2	9,171052632	b_2	9,159253945
a_3	9,165153289	b_3	9,165149491
a_4	9,16515139	b_4	9,16515139

Ziehe die Wurzel aus 39			
a_0	5	b_0	7,8
a_1	6,4	b_1	6,09375
a_2	6,246875	b_2	6,243121561
a_3	6,24499828	b_3	6,244997716
a_4	6,244997998	b_4	6,244997998

Ziehe die Wurzel aus 135			
a_0	10	b_0	13,5
a_1	11,75	b_1	11,4893617
a_2	11,61968085	b_2	11,61821927
a_3	11,61895006	b_3	11,61895002
a_4	11,61895004	b_4	11,61895004

Ziehe die Wurzel aus 441			
a_0	15	b_0	29,4
a_1	22,2	b_1	19,86486486
a_2	21,03243243	b_2	20,96761758
a_3	21,00002501	b_3	20,99997499
a_4	21	b_4	21

Ziehe die Wurzel aus 561			
a_0	20	b_0	28,05
a_1	24,025	b_1	23,35067638
a_2	23,68783819	b_2	23,68303918
a_3	23,68543869	b_3	23,68543844
a_4	23,68543856	b_4	23,68543856

Ziehe die Wurzel aus 4			
a_0	0,5	b_0	8
a_1	4,25	b_1	0,941176471
a_2	2,595588235	b_2	1,541076487
a_3	2,068332361	b_3	1,933925164
a_4	2,001128762	b_4	1,998871874
a_5	2,000000318	b_5	1,999999682
a_6	2	b_6	2

Ziehe die Wurzel aus 751			
a_0	25	b_0	30,04
a_1	27,52	b_1	27,28924419
a_2	27,40462209	b_2	27,40413633
a_3	27,40437921	b_3	27,40437921

Ziehe die Wurzel aus 1654			
a_0	40	b_0	41,35
a_1	40,675	b_1	40,6637984
a_2	40,6693992	b_2	40,66939843
a_3	40,66939882	b_3	40,66939882

Ziehe die Wurzel aus 6892			
a_0	80	b_0	86,15
a_1	83,075	b_1	82,96117966
a_2	83,01808983	b_2	83,01805082
a_3	83,01807032	b_3	83,01807032

Ziehe die Wurzel aus 1000			
a_0	25	b_0	40
a_1	32,5	b_1	30,76923077
a_2	31,63461538	b_2	31,61094225
a_3	31,62277882	b_3	31,62277439
a_4	31,6227766	b_4	31,6227766

Als Pythagoras sich einmal langweilte

Pythagoras wurde um 580 v. Chr. auf der Insel Samos geboren. Er ließ sich nach vielen Reisen in Süditalien nieder und gründete dort eine Schule. Er lehrte u. a. dass im rechtwinkligen Dreieck gilt: $a^2 + b^2 = c^2$. Diesen Sachverhalt hatte er auf Reisen durch Ägypten, Persien und Babylonien kennengelernt und brachte ihn dann »unter die Leute«.

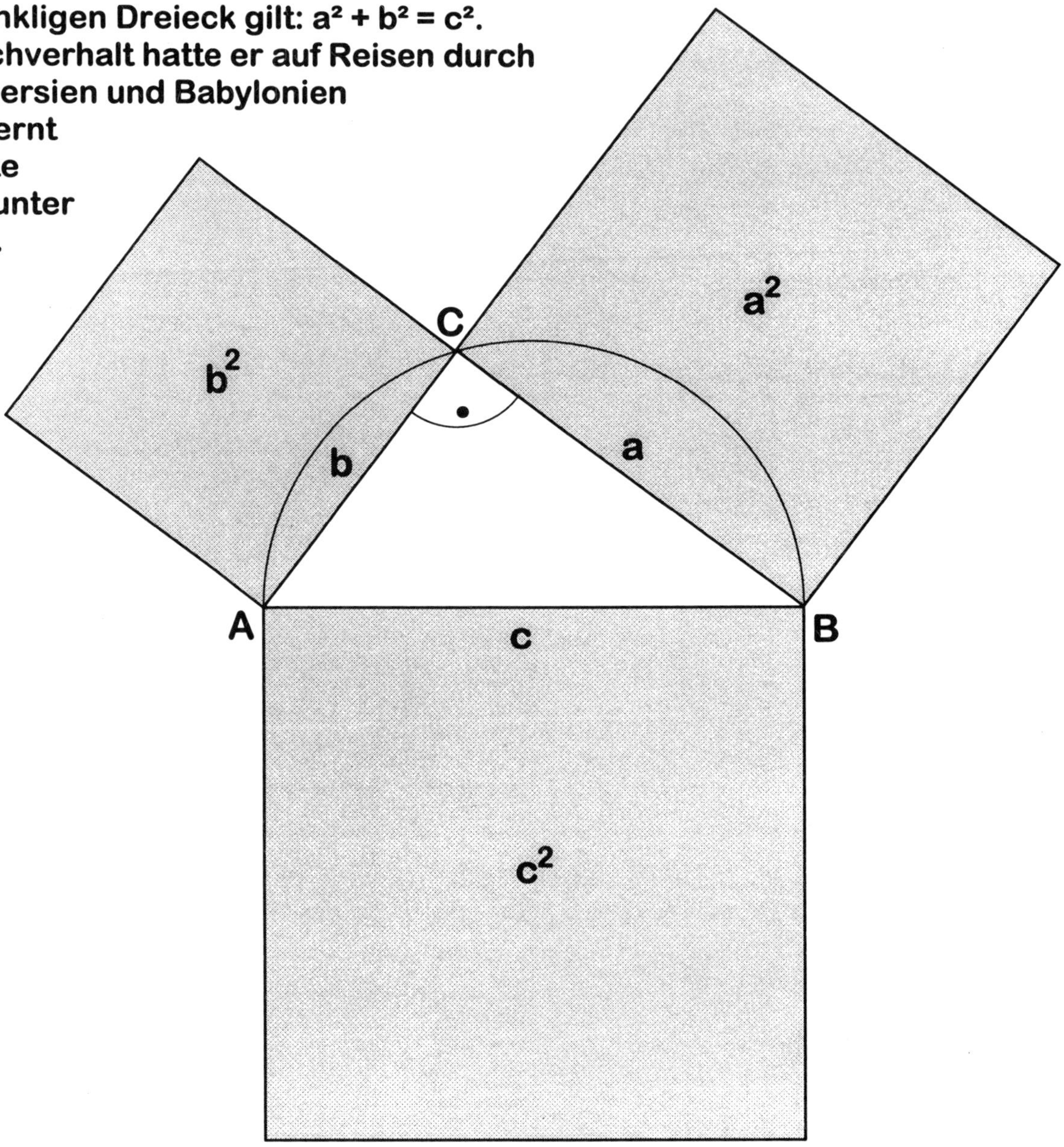

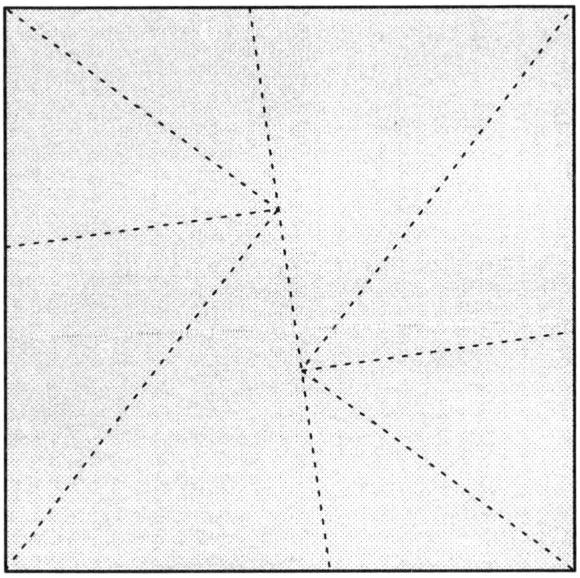

Vielleicht hat Pythagoras aber auch schon mal gepuzzelt, um einen sogenannten Zerlegungsbeweis dieses Satzes zu erbringen. Zerschneide das große Quadrat in die acht Einzelteile und versuche, sie so auf die beiden kleinen Quadrate zu legen, dass diese vollständig bedeckt sind. Du hast dann gezeigt, dass im rechtwinkligen Dreieck die Summe der Kathetenquadrate gleich ist dem Hypotenusenquadrat. Heureka, kann man da nur sagen.

Als Pythagoras sich einmal langweilte

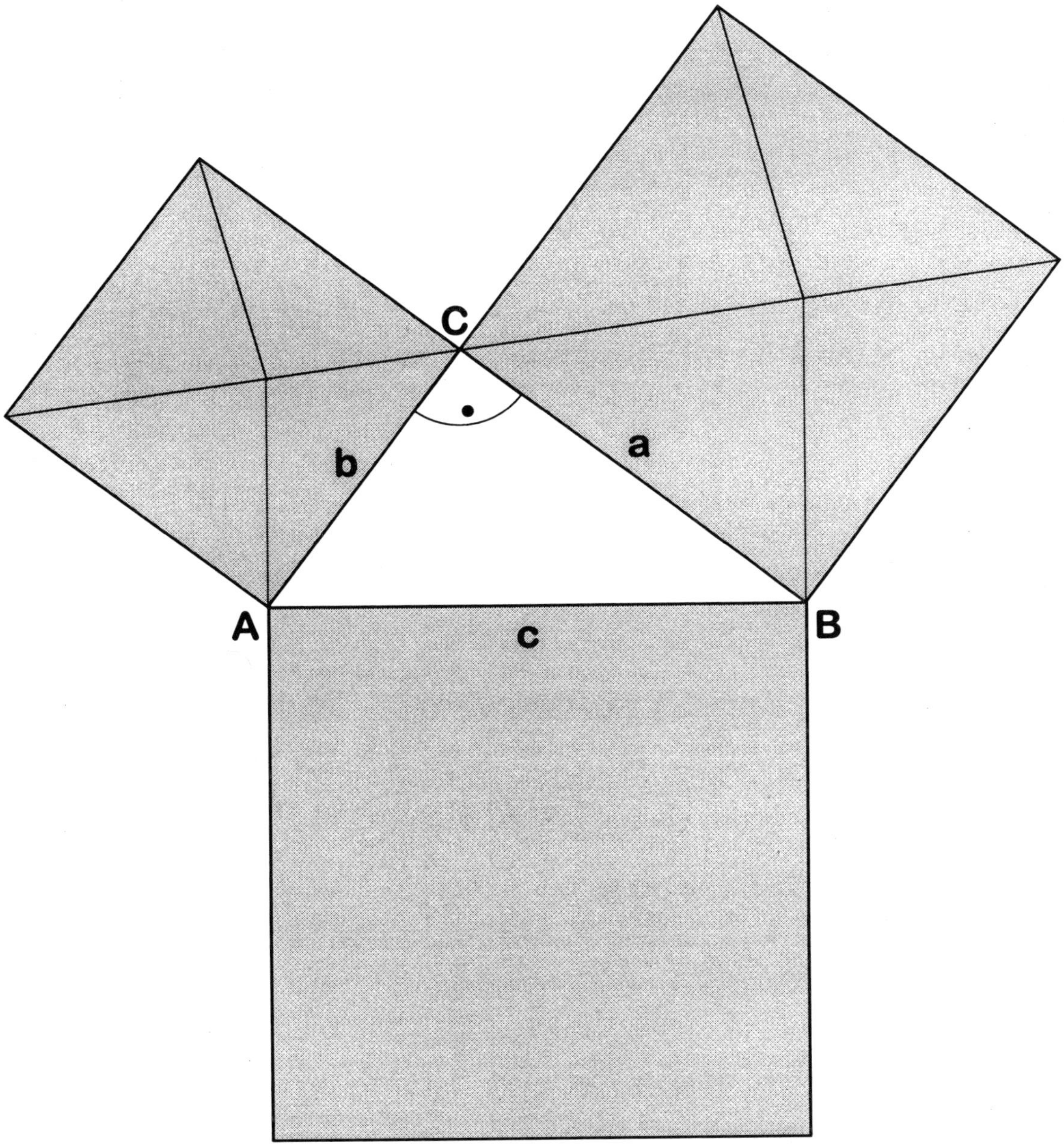

Wie ein US-Präsident den Satz des Pythagoras bewies

James A. Garfield

James Abraham Garfield (geb. 19.11.1831, gest. 19.09.81) war Generalmajor im Bürgerkrieg und gehörte als Republikaner 1863 - 80 dem Kongress an. Er war der 20. Präsident der Vereinigten Staaten (1881). Seine Amtszeit dauerte nicht lange; er wurde durch ein Pistolenattentat tödlich verletzt.

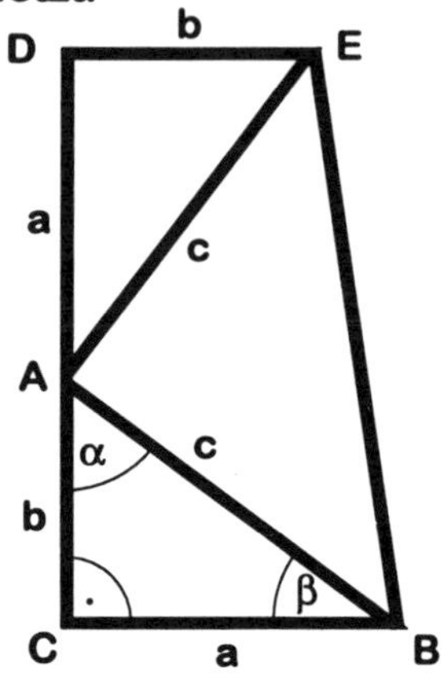

1. Er konstruierte sich folgende Figur:

2. Er zeigte dann, dass diese Figur ein Trapez ist.
Es genügt zu zeigen, dass CB II DE.

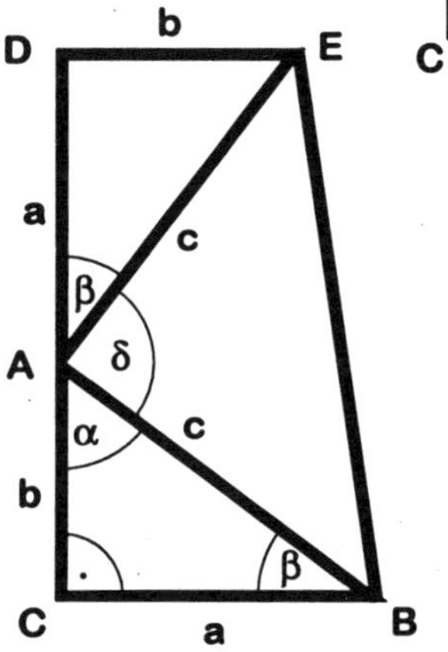

3. Er zeigte dann, dass das Teildreieck ABE rechtwinklig ist.

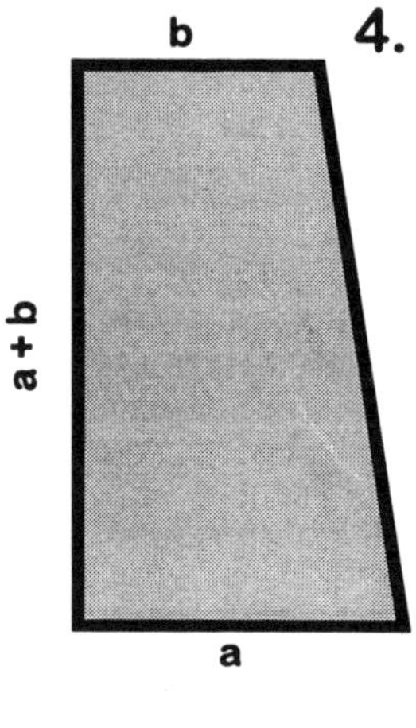

4. Er berechnete den Flächeninhalt des Trapezes und

5. den Flächeninhalt der drei Teildreiecke.

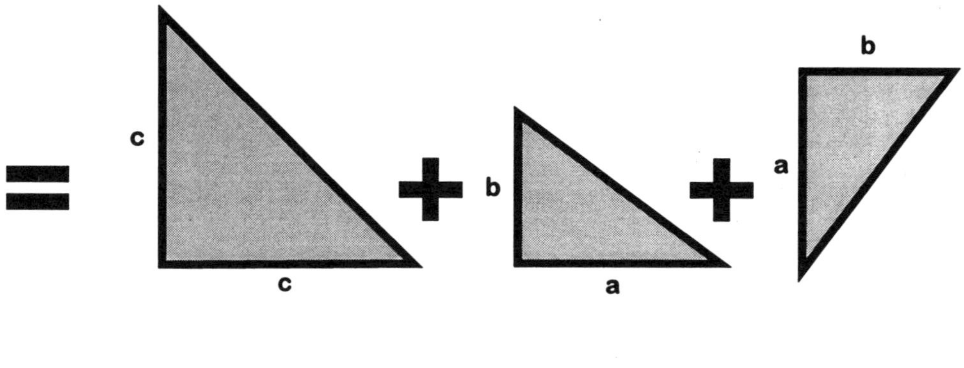

6. Er setzte die Flächeninhalte gleich und vereinfachte die so entstandene Gleichung. Das schaffst du auch! Ob du allerdings Präsident der Vereinigten Staaten wirst, das steht in den Sternen.

Wie ein US-Präsident den Satz des Pythagoras bewies

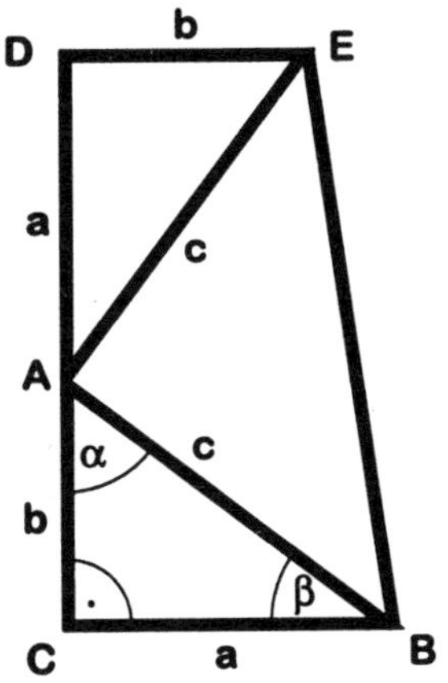

CA ⊥ CB, DE ⊥ DA, CA ∥ DA laut Konstruktion, daraus folgt CB ∥ DE

$$\alpha + \beta + \delta = 180^\circ$$
$$\alpha + \beta = 90^\circ$$
$$\delta = 90^\circ$$

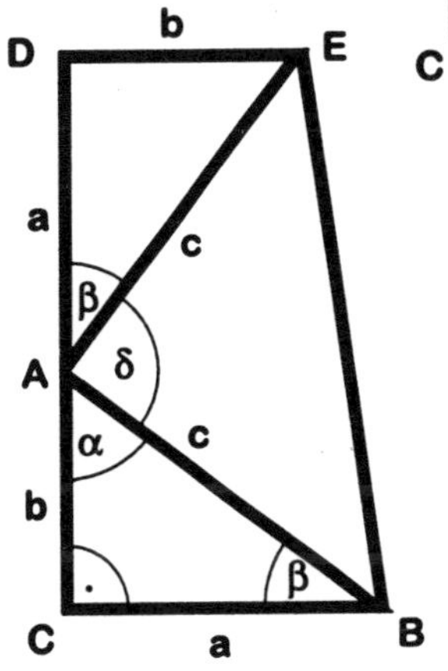

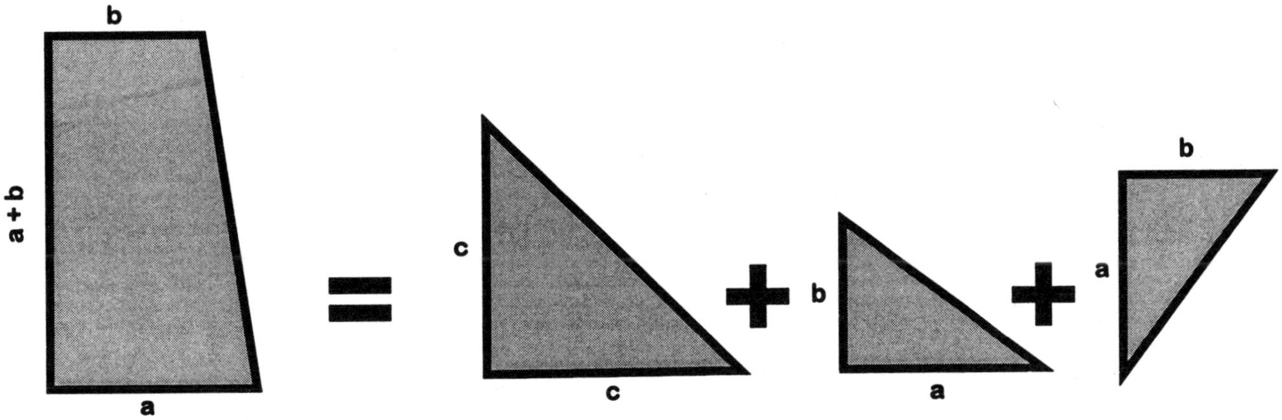

$A = \frac{a+b}{2} \cdot (a+b)$

$A = \frac{(a+b)^2}{2}$

$A = \frac{c^2}{2}$

$A = \frac{a \cdot b}{2}$

$A = \frac{a \cdot b}{2}$

$$\frac{(a+b)^2}{2} = \frac{c^2}{2} + \frac{a \cdot b}{2} + \frac{a \cdot b}{2} \quad / \cdot 2$$

$$(a+b)^2 = c^2 + ab + ab$$

$$a^2 + 2ab + b^2 = c^2 + 2ab \quad / - 2ab$$

$$a^2 + b^2 = c^2$$

Wie die Ägypter rechte Winkel konstruierten

Im alten Ägypten übten einige Menschen den Beruf des Geometers aus. Man nannte sie auch Seilspanner oder Harpedonapten. Sie lebten um 2300 v. Chr. unter der Herrschaft des König Amenemhat I. Diese Seilspanner schafften es, aus dem Seitenverhältnis 3 : 4 : 5 ein rechtwinkliges Dreieck zu konstruieren. Wie? Ganz einfach. Sie teilten ein Seil mit Hilfe von Knoten, die immer gleichen Abstand voneinander hatten, in 12 Teile ein. Dann schlugen sie zwei Holzpflöcke ein und spannten das Seil zu einem rechtwinkligen Dreieck. Rechtwinklig war das Dreieck dann, wenn sich bei straff gespanntem Seil der 1. und 13. Knoten genau wieder trafen.

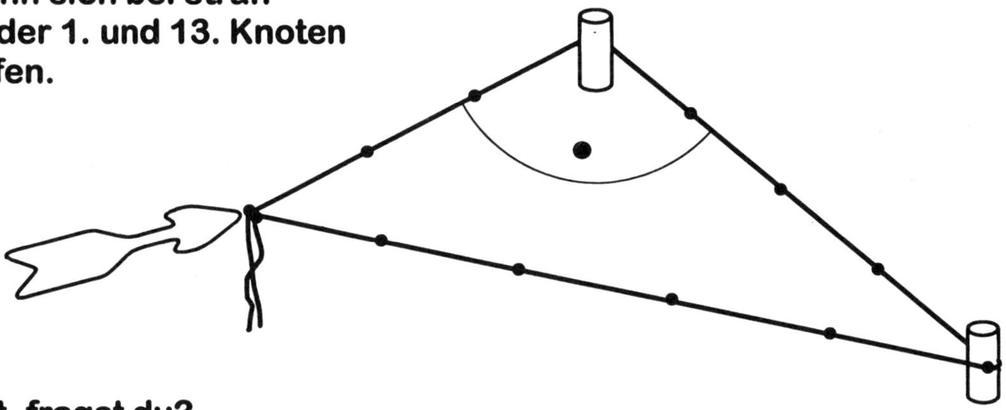

Warum das so ist, fragst du? Na, logo! Was Pythagoras ca. 1800 Jahre später bewies, war ihnen lange vorher bekannt.

$$3^2 + 4^2 = 5^2$$

und damit musste das Dreieck rechtwinklig sein. Man nennt drei natürliche Zahlen, die der Aussageform $a^2 + b^2 = c^2$ genügen, pythagoreische Zahlentripel.

In jeder Zeile findest du ein pythagoreisches Zahlentripel. Wenn du jetzt noch den jeweiligen Kennbuchstaben markierst, erhältst du das Fremdwort für einen Vorrat an einstudierten Stücken.

R	E	I	T	P	O
(20,21,29)	(8,16,19)	(46,67,69)	(57,140,159)	(87,416,435)	(52,61,87)
(17,23,35)	(7,24,25)	(34,67,71)	(60,91,107)	(11,14,27)	(55,59,62)
(19,27,32)	(65,71,97)	(47,56,75)	(52,165,172)	(15, 112,113)	(71,121,134)
(4,8,12)	(8,15,17)	(15,87,99)	(33,544,546)	(37,78,91)	(60,221,239)
(20,99,101)	(15,62,65)	(63,67,75)	(19,180,182)	(88,105,139)	(98,115,157)
(15,18,23)	(60,91,102)	(9,12,23)	(12,35,37)	(52,140,149)	(95,168,183)
(21,37,46)	(40,80,89)	(21,90,102)	(13,84,87)	(32,75,93)	(39,80,89)
(24,35,39)	(36,39,52)	(9,40,41)	(83,187,205)	(77,86,96)	(42,68,82)
(33,56,65)	(11,18,23)	(42,54,78)	(25,312,316)	(93,97,108)	(33,544,555)
(16,19,26)	(13,84,85)	(39,80,91)	(95,168,194)	(57,99,180)	(76,357,375)

Wie die Ägypter rechte Winkel konstruierten

R	E	I	T	P	O
(20,21,29)					
	(7,24,25)				
				(15, 112,113)	
	(8,15,17)				
(20,99,101)					
			(12,35,37)		
					(39,80,89)
		(9,40,41)			
(33,56,65)					
	(13,84,85)				

REPERTOIRE

Wie Diophantos pythagoreische Zahlentripel erzeugte

Der griechische Mathematiker Diophantos von Alexandria, der um 250 n. Chr. lebte und das 13-bändige Buch »Arithmetica« schrieb, hatte den Spitznamen »Vater der Algebra«. Er war der erste, der Symbole für Variable einführte. Er war es auch, der einen Algorithmus zur Erzeugung »pythagoreischer Zahlentripel« fand und angab, dass es unendlich viele solcher Zahlenverhältnisse gibt.

Was ist ein Algorithmus? Nichts anderes als ein Rechenvorgang, der immer nach demselben Muster abläuft. Das ist so ähnlich wie ein Kochrezept für Nudeln: »Man nehme ...«.

Wie du dir das vorzustellen hast, zeigt dir das untenstehende Schema:

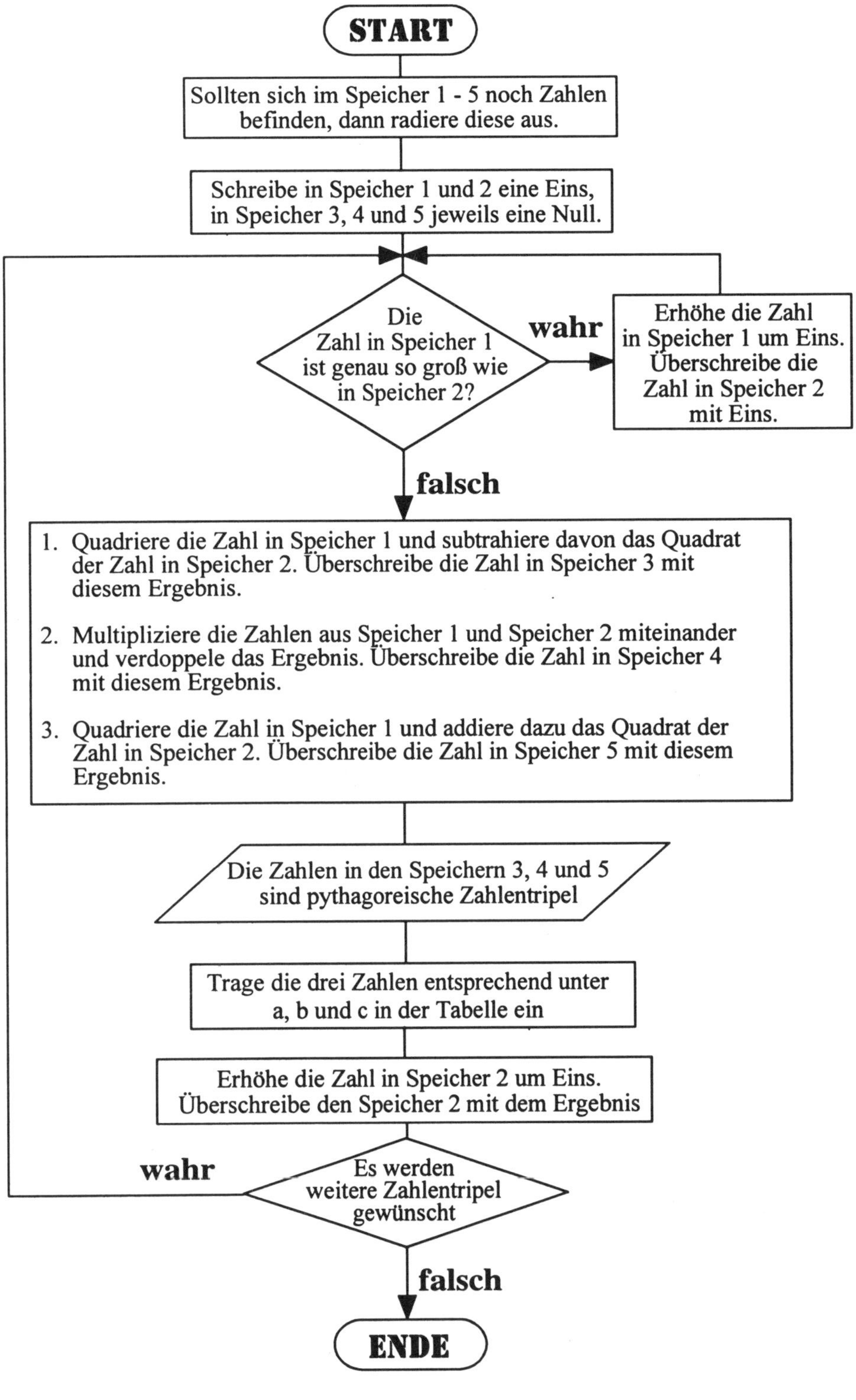

SPEICHER 1	
SPEICHER 2	
SPEICHER 3	
SPEICHER 4	
SPEICHER 5	

a	b	c

Historische Verfahren - zeitgemäß aufbereitet

Wie Diophantos pythagoreische Zahlentripel erzeugte

Der griechische Mathematiker Diophantos von Alexandria, der um 250 n. Chr. lebte und das 13-bändige Buch »Arithmetica« schrieb, hatte den Spitznamen »Vater der Algebra«. Er war der erste, der Symbole für Variable einführte. Er war es auch, der einen Algorithmus zur Erzeugung »pythagoreischer Zahlentripel« fand und angab, dass es unendlich viele solcher Zahlenverhältnisse gibt.
Was ist ein Algorithmus? Nichts anderes als ein Rechenvorgang, der immer nach demselben Muster abläuft. Das ist so ähnlich wie ein Kochrezept für Nudeln: »Man nehme ...«.
Wie du dir das vorzustellen hast, zeigt dir das untenstehende Schema:

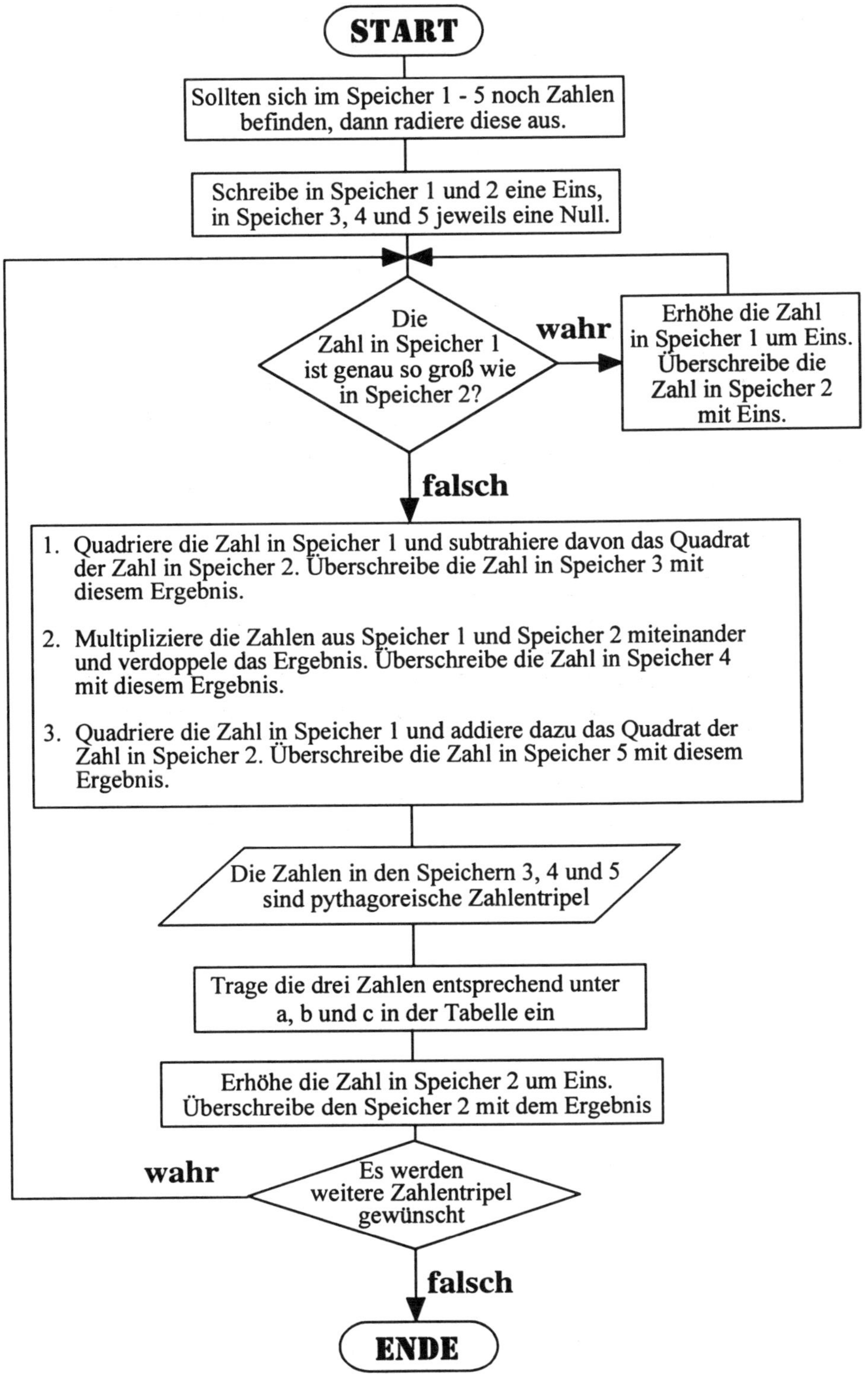

SPEICHER 1	
SPEICHER 2	
SPEICHER 3	
SPEICHER 4	
SPEICHER 5	

a	b	c
3	4	5
8	6	10
5	12	13
15	8	17
12	16	20
7	24	25
24	10	26
21	20	29
16	30	34
9	40	41
35	12	37
32	24	40
27	36	45
20	48	52
11	60	61
48	14	50
45	28	53
40	42	58
33	56	65
24	70	74
13	84	85
63	16	65
60	32	68
55	48	73
48	64	80

Prof. Nosenix' Trickkiste

Historische Verfahren - zeitgemäß aufbereitet

Wie Archimedes π bestimmte

Archimedes von Syrakus war der erste Mathematiker, der mit seinem Verfahren π zwischen $3\frac{10}{71}$ und $3\frac{1}{7}$ eingrenzte.
Und gewiss war er gerade mit der Berechnung von π beschäftigt, als der römische Legionär in seinen Garten drang und das Schwert zückte. Archimedes schrie den ungebetenen Gast noch an: »Störe meine Kreise nicht!« Aber er bat vergeblich. Er fiel unter dem Schwert des Römers.
Die Römer waren gerade dabei Syrakus zu erobern und hatten auf den armen Archimedes einen furchtbaren Hass. Der hatte nämlich einen fürchterlichen Hang zu praktischen Erfindungen. Er war es, der das Prinzip des Hebels entdeckte und den Flaschenzug erfand. Als nun die römische Armee unter der Leitung des Feldherrn Marcellus sich mit ihren Schiffen nach Sizilien aufmachte, um Syrakus zu erobern, da stellte sich Archimedes seinem Vaterland zur Verfügung. Die Schiffe ließ er bereits frühzeitig angreifen, indem er die Segel mit Hilfe eines Parabolspiegels, der die Strahlen der Sonne bündelte, in Brand setzte. Wenn aber ab und zu die Sonne nicht schien und es einem Schiff gelang, in den Hafen zu segeln, dann hielt Archimedes einen Riesengreifarm bereit, mit dem das Schiff aus dem Wasser gehoben und zerschmettert werden konnte. Außerdem hatte er ein besonders wirksames Katapult ersonnen, mit dem er die Legionäre beschoss. Dennoch schafften es die Römer Syrakus in ihre Gewalt zu bekommen. Feldherr Marcellus hatte zwar noch den Befehl gegeben, Archimedes am Leben zu lassen, aber der römische Legionär hatte ihn wohl nicht erkannt. Dieser Ignorant machte dem Leben eines mathematischen Genies frühzeitig ein Ende.

Wie hat Archimedes es geschafft π einzukreisen? Er konstruierte sich zunächst ein regelmäßiges Sechseck. Du weißt sicherlich, wie man ein solches Gebilde »fabriziert«. Da die Länge der 6 Sechseckseiten genau der Länge des Umkreisradius entspricht, musst du nur ein paar Kreisbögen schlagen. So ein regelmäßiges Sechseck besteht aus sechs gleichseitigen Dreiecken.
Archimedes wählte als Radius des Umkreises die Einheit 1. Ob 1 cm, 5 dm, 7 m oder 20 km war ihm wurscht. Hauptsache man sah diesen Radius als Einheit 1 an.

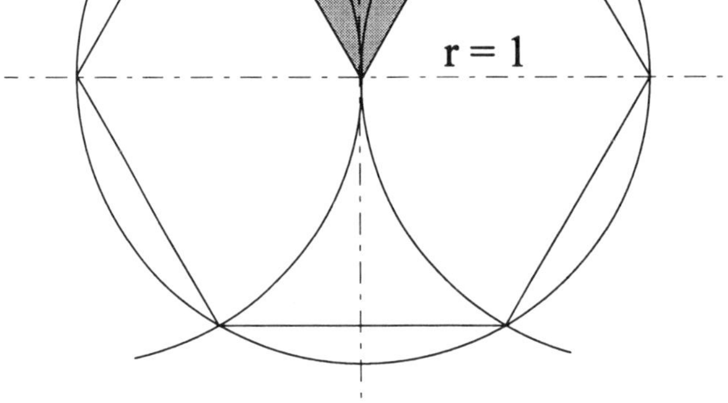

Wie Archimedes π bestimmte

Weil Archimedes wissen wollte, wie groß der Flächeninhalt des Sechsecks war, griff er sich ein Dreieck heraus und leitete eine Formel für den Flächeninhalt her:

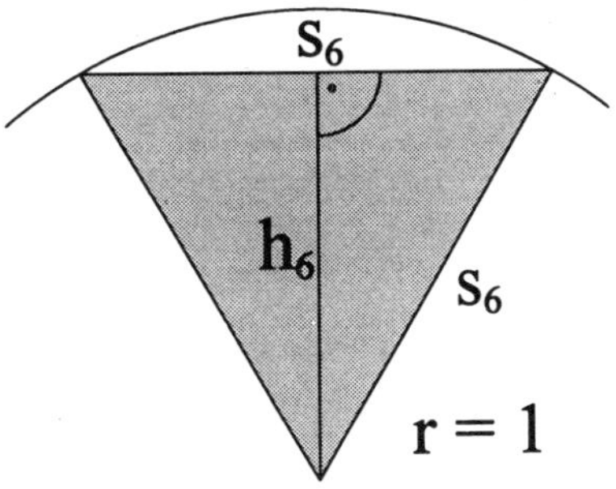

Wie du sicherlich weißt, berechnet man den Flächeninhalt eines Dreiecks mit

$$A_{\text{Dreieck}} = \frac{\text{Grundseite} \cdot \text{Höhe}}{2}$$

also $$A_{\text{Dreieck}} = \frac{s_6 \cdot h_6}{2}$$

$$s_6 = 1 \text{ nach Konstruktion}$$

Wie groß ist aber h_6? Na klar, der Satz des Pythagoras hilft in fast allen Lebenslagen:

$$h_6 = \sqrt{s_6^2 - \left[\frac{s_6}{2}\right]^2}$$

Somit erhält man

$$A_{\text{Dreieck}} = \frac{s_6 \cdot \sqrt{s_6^2 - \left[\frac{s_6}{2}\right]^2}}{2}$$

Das rechnet man schnell aus: $$A_{\text{Dreieck}} = \frac{1 \cdot \sqrt{1^2 - 0{,}5^2}}{2}$$

$$A_{\text{Dreieck}} = 0{,}433012702$$

Er musste dieses Ergebnis mit 6 multiplizieren, weil er ja den Flächeninhalt des Sechsecks brauchte:

$$A_{\text{Sechseck}} = 2{,}598076211$$

Wie Archimedes π bestimmte

Archi, wie ihn seine Freunde nannten, machte weiter mit dem regelmäßigen Zwölfeck, das ebenfalls einen Umkreisradius von 1 hatte:

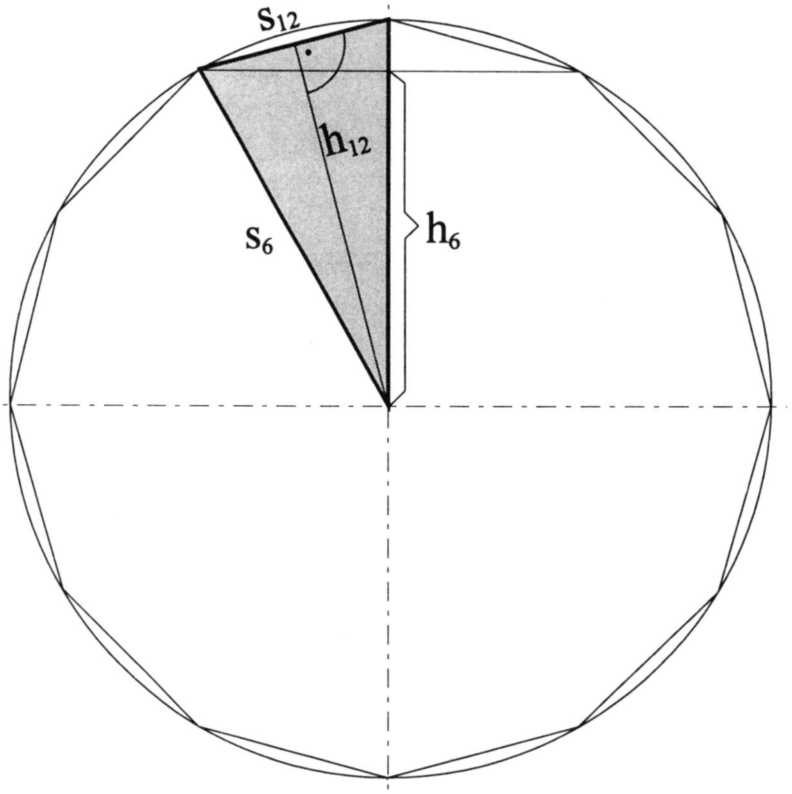

Wiederum bestimmte er den Flächeninhalt:

$$A_{Zwölfeck} = 12 \cdot \frac{s_{12} \cdot h_{12}}{2}$$

Das gestaltete sich schon etwas schwieriger, weil ihm weder h_{12} noch s_{12} bekannt waren.
Er griff sich wieder ein »Hilfsdreieck« heraus, um die beiden Längen zu berechnen.

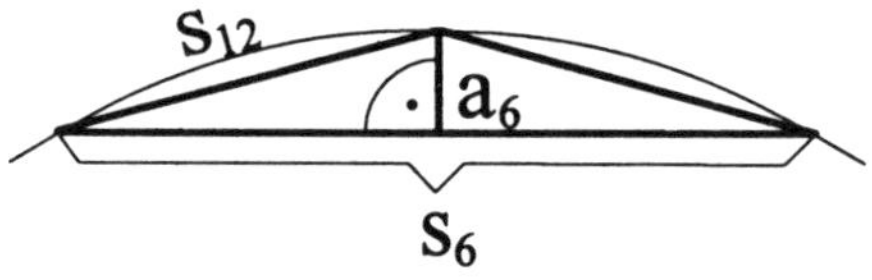

Klar, dass er den Satz des Pythagoras anwandte:

$$s_{12}^2 = \left(\frac{s_6}{2}\right)^2 + a_6^2$$

a_6 **war ihm aber auch nicht bekannt. Was tun? Ach ja!**

$$a_6 = s_6 - h_6$$ (siehe Zeichnung des Zwölfecks)

$$a_6 = 1 - h_6$$

und

$$h_6 = \sqrt{1^2 - \left[\frac{s_6}{2}\right]^2}$$

Wie Archimedes π bestimmte

Also $a_6 = 1 - \sqrt{1^2 - \left[\frac{s_6}{2}\right]^2}$

Wenn er das in seine Formel für s_{12} einsetzte, ergab sich

$$s_{12}^2 = \left(\frac{s_6}{2}\right)^2 + \left(1 - \sqrt{1^2 - \left[\frac{s_6}{2}\right]^2}\right)^2$$

Anwendung der binomischen Formel ergibt

$$s_{12}^2 = \left(\frac{s_6}{2}\right)^2 + 1 - 2\sqrt{1^2 - \left[\frac{s_6}{2}\right]^2} + 1 - \left[\frac{s_6}{2}\right]^2$$

$$s_{12}^2 = 2 - 2\sqrt{1 - \left[\frac{s_6}{2}\right]^2}$$

$$s_{12}^2 = 2 - 2\sqrt{1 - \frac{s_6^2}{4}}$$

Trick: Du bringst die 2 unter die Wurzel, musst aber dann 4 aus ihr machen, weil $\sqrt{4} = 2$

$$s_{12}^2 = 2 - \sqrt{4 - s_6^2}$$

$s_6^2 = 1$

$$s_{12}^2 = 2 - \sqrt{3}$$

$$s_{12} = \sqrt{2 - \sqrt{3}}$$

Wow! Das wäre geschafft! Weiter geht es mit h_{12}.

$$h_{12}^2 = \left(\frac{s_6}{2}\right)^2 - \left(\frac{s_{12}}{2}\right)^2$$

$$h_{12}^2 = 1 - \left(\frac{\sqrt{2 - \sqrt{3}}}{2}\right)^2$$

$$h_{12} = \sqrt{1 - \left(\frac{\sqrt{2 - \sqrt{3}}}{2}\right)^2}$$

$$h_{12} = \sqrt{1 - \frac{2 - \sqrt{3}}{4}}$$

$$A_{12} = 12 \cdot \frac{\sqrt{2 - \sqrt{3}} \cdot \sqrt{1 - \frac{2 - \sqrt{3}}{4}}}{2}$$

$$A_{12} = 3$$

Du kannst dir unschwer vorstellen, wie Archimedes weitermachte. Er stürzte sich auf das regelmäßige 24-Eck und entwickelte für den Flächeninhalt eine Formel.

Historische Verfahren - zeitgemäß aufbereitet

Wie Archimedes π bestimmte

Warum er das tat? Er wollte eine eventuelle Gesetzmäßigkeit bei der Bildung der Formeln entdecken.

$$A_{24} = 24 \cdot \frac{s_{24} \cdot h_{24}}{2}$$

$$s_{24}^{\,2} = \left(\frac{s_{12}}{2}\right)^2 + a_{12}^{\,2}$$

$$a_{12} = 1 - h_{12} \quad \textbf{und} \quad h_{12} = \sqrt{1 - \frac{2 - \sqrt{3}}{4}}$$

$$a_{12} = 1 - \sqrt{1 - \frac{2 - \sqrt{3}}{4}}$$

wegen $s_{12} = \sqrt{2 - \sqrt{3}}$ **gilt**

$$s_{24}^{\,2} = \frac{2 - \sqrt{3}}{4} + \left(1 - \sqrt{1 - \frac{2 - \sqrt{3}}{4}}\right)^2$$

Anwendung binomische Formel

$$s_{24}^{\,2} = \frac{2 - \sqrt{3}}{4} + 1 - 2 \cdot \sqrt{1 - \frac{2 - \sqrt{3}}{4}} + 1 - \frac{2 - \sqrt{3}}{4}$$

$$s_{24}^{\,2} = 2 - 2 \cdot \sqrt{1 - \frac{2 - \sqrt{3}}{4}}$$

Du bringst die 2 unter die Wurzel

$$s_{24}^{\,2} = 2 - \sqrt{4 - 2 + \sqrt{3}}$$

$$s_{24}^{\,2} = 2 - \sqrt{2 + \sqrt{3}}$$

$$s_{24} = \sqrt{2 - \sqrt{2 + \sqrt{3}}}$$

Merkst du etwas?

$$h_{24}^{\,2} = \left(\frac{s_6}{2}\right)^2 - \left(\frac{s_{12}}{2}\right)^2$$

$$h_{24}^{\,2} = 1 - \frac{2 - \sqrt{2 + \sqrt{3}}}{4}$$

$$h_{24} = \sqrt{1 - \frac{2 - \sqrt{2 + \sqrt{3}}}{4}}$$

$$A_{24} = 24 \cdot \frac{\sqrt{2 - \sqrt{2 + \sqrt{3}}} \cdot \sqrt{1 - \frac{2 - \sqrt{2 + \sqrt{3}}}{4}}}{2}$$

$$A_{24} = 3{,}105828541$$

Historische Verfahren - zeitgemäß aufbereitet

Wie Archimedes π bestimmte

Wenn man alle Werte nebeneinander stellt, dann kann es einem schon dämmern, oder nicht?

$s_6 = 1 \qquad h_6 = \sqrt{1 - \frac{1}{4}} \qquad A_6 = 6 \cdot \frac{1 \cdot \sqrt{1 - \frac{1}{4}}}{2}$

$s_{12} = \sqrt{2 - \sqrt{3}} \qquad h_{12} = \sqrt{1 - \frac{2 - \sqrt{3}}{4}} \qquad A_{12} = 12 \cdot \frac{\sqrt{2 - \sqrt{3}} \cdot \sqrt{1 - \frac{2 - \sqrt{3}}{4}}}{2}$

$s_{24} = \sqrt{2 - \sqrt{2 + \sqrt{3}}} \qquad h_{24} = \sqrt{1 - \frac{2 - \sqrt{2 + \sqrt{3}}}{4}} \qquad A_{24} = 24 \cdot \frac{\sqrt{2 - \sqrt{2 + \sqrt{3}}} \cdot \sqrt{1 - \frac{2 - \sqrt{2 + \sqrt{3}}}{4}}}{2}$

Der große Durchbruch ist gekommen, denn das Verfahren lässt sich fortsetzen:

$$s_{48} = \sqrt{2 - \sqrt{2 + \sqrt{2 + \sqrt{3}}}}$$

$$h_{48} = \sqrt{1 - \frac{2 - \sqrt{2 + \sqrt{2 + \sqrt{3}}}}{4}}$$

$$A_{48} = 48 \cdot \frac{\sqrt{2 - \sqrt{2 + \sqrt{2 + \sqrt{3}}}} \cdot \sqrt{1 - \frac{2 - \sqrt{2 + \sqrt{2 + \sqrt{3}}}}{4}}}{2}$$

$$A_{48} = 3{,}132628613$$

Sicherlich bist du jetzt in der Lage, die Berechnungen des armen Archi, der ja leider durch den dummen Zwischenfall mit dem ignoranten römischen Legionär nur bis zum 96-Eck gekommen war, bis zum 3072-Eck fortzusetzen. Die Tabelle auf der nächsten Seite hilft dir dabei. Damit du die tolle Rechenleistungen des Archimedes besser würdigen kannst, teile ich dir noch mit, dass es zur damaligen Zeit für die Wurzelberechnung nur Näherungswerte gab.
Für $\sqrt{3}$ standen ihm z. B. nur die Näherungswerte $\frac{265}{153} \leq \sqrt{3} \leq \frac{1351}{780}$ zur Verfügung. Es ist schon genial, wie er π so »einkreisen« konnte.

Wie Archimedes π bestimmte

Anzahl der Ecken	s	h	$A \approx \pi$
6	1	0,866025404	2,598076211
12	0,51763809	0,965925826	3
24	0,261052384	0,991444861	3,105828541
48	0,130806258	0,997858923	3,132628613
96			
192			
384			
768			
1536			
3072			

Weil Archimedes den Satz des Pythagoras mehrfach angewandt hat, will ich dir nicht verheimlichen, dass der deutsche Dichter und Naturforscher Adalbert von Chamisso (1781 - 1838) sogar ein Sonett auf eben diesen Lehrsatz geschrieben hat. Hier ist es:

Die Wahrheit, sie besteht in Ewigkeit,
Wenn erst die blöde Welt ihr Licht erkannt:
Der Lehrsatz, nach Pythagoras benannt,
Gilt heute, wie er galt zu seiner Zeit.

Ein Opfer hat Pythagoras geweiht
Den Göttern, die den Lichtstrahl ihm gesandt;
Es taten kund, geschlachtet und verbrannt,
Ein Hundert Ochsen seine Dankbarkeit.

Die Ochsen seit dem Tage, wenn sie wittern,
Dass eine neue Wahrheit sich enthülle,
Erheben ein unmenschliches Gebrülle;
Pythagoras erfüllt sie mit Entsetzen;
Und machtlos, sich dem Licht zu widersetzen,
Verschließen sie die Augen und erzittern.

Wie Archimedes π bestimmte

Anzahl der Ecken	s	h	A ≈ π
6	1	0,866025404	2,598076211
12	0,51763809	0,965925826	3
24	0,261052384	0,991444861	3,105828541
48	0,130806258	0,997858923	3,132628613
96	0,065438166	0,999464587	3,13935022
192	0,032723463	0,999866138	3,141031955
384	0,016362279	0,999966534	3,141452467
768	0,008181208	0,999991633	3,141557468
1536	0,004090612	0,999997908	3,14158377
3072	0,002045307	0,999999477	3,141589637

Neben dem Sonett gibt es auch nach der Melodie von »Lorelei« ein Liedchen:

Ich weiß nicht, was soll es bedeuten,
Dass ich so traurig bin.
Ein Lehrsatz aus alten Zeiten,
Der kommt mir nicht aus dem Sinn.
Drei Winkel, wovon ein rechter,
Sind mit drei Seiten verwandt,
Und diese noblen Geschlechter
Regieren Leut´ und Land.

Die schönste der Hypotenusen
Thront oben wunderbar,
Es schlummert an ihrem Busen
Ein holdes Kathetenpaar!
Sie thront auf hohem Quadrate
Und singt ein Lied dabei,
Das hat eine pythagorate
Gewaltige Melodei.

Der Welt unendlich Getriebe
Ergreift es mit wildem Weh,
Sie schwärmt in glühender Liebe
Für a^2, b^2, c!
Sogar die kühlen Kometen
Erfasst ein feuriger Wahn, -
Und das hat mit ihren Katheten
Die Hypotenuse getan.

Historische Verfahren - zeitgemäß aufbereitet

Wie der Bischof von Brixen π bestimmte

Nikolaus von Cues lebte von 1401 - 1464. Er legte sich - wie das im Mittelalter so üblich war - einen »Künstlernamen« zu und nannte sich Cusanus. Er war der genialste Denker des 15. Jahrhunderts. Ein irre cooler Typ, der nicht nur Mathematiker war, sondern auch deutscher Bischof von Brixen. Sogar zum Kardinal wurde er ernannt. Bei der Berechnung von π beschritt er »neue« Wege. Wie Archimedes auch konstruierte er sich ein regelmäßiges Sechseck, dessen Umkreisradius er mit r_6 bezeichnete.

Seine Eminenz berechnete nun den Inkreisradius ρ_6 (ρ griechischer Buchstabe rho). Dazu benötigte er den Satz des Pythagoras.

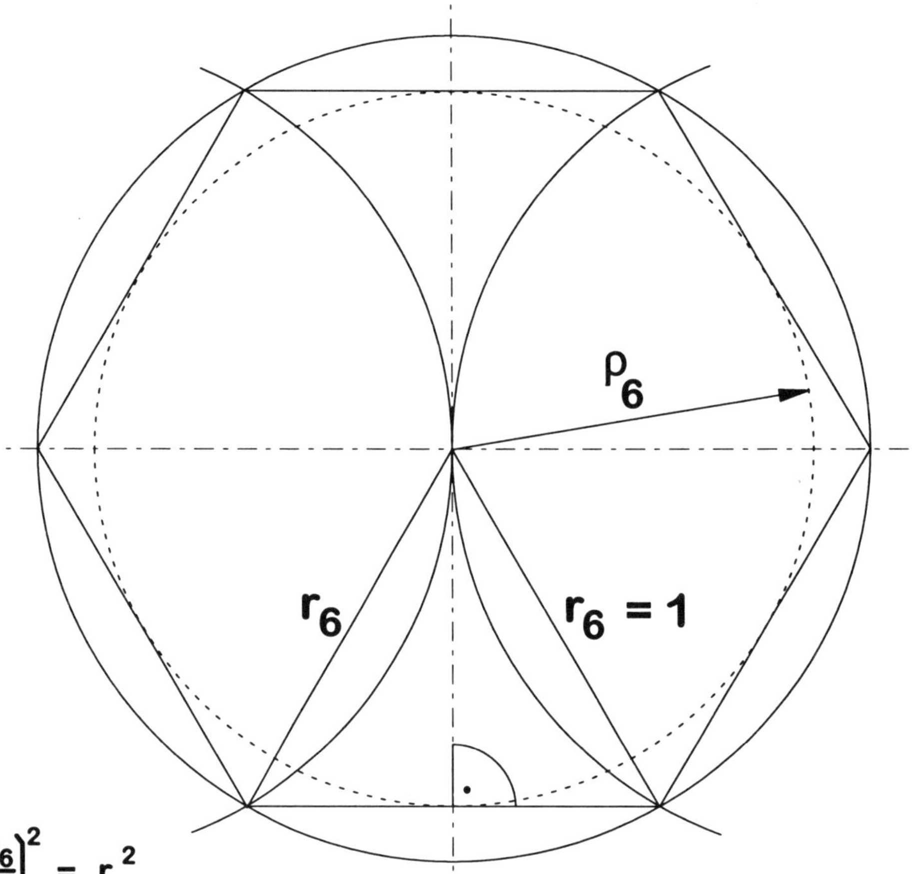

$$\rho_6^2 + \left(\frac{r_6}{2}\right)^2 = r_6^2$$

$$\rho_6^2 = r_6^2 - \frac{r_6^2}{4}$$

$$\rho_6^2 = \frac{4}{4} r_6^2 - \frac{1}{4} r_6^2$$

$$\rho_6^2 = \frac{3}{4} r_6^2$$

$$\rho_6 = \sqrt{\frac{3}{4} r_6^2}$$

$$\rho_6 = \frac{1}{2} r_6 \sqrt{3}$$

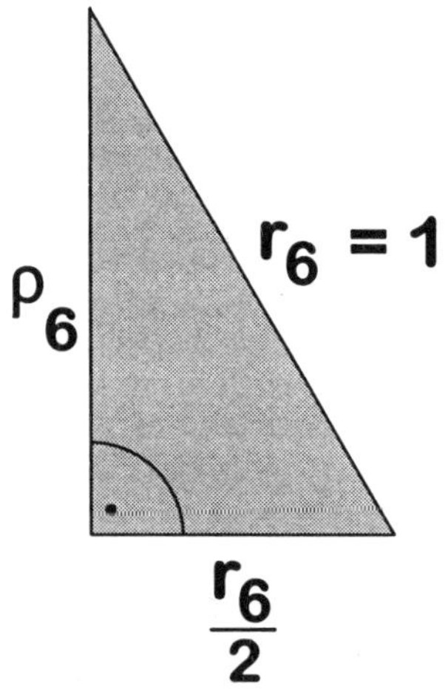

Da Cusanus als Radius r die Einheit 1 gewählt hatte, erhielt er

$$\rho_6 = 0{,}866025404$$

Wie der Bischof von Brixen π bestimmte

**Soweit ist das alles ja noch ziemlich harmlos.
Aber jetzt kommt der große Trick.
In sein Sechseck konstruierte er sich ein gleichschenkliges Dreieck ABC:**

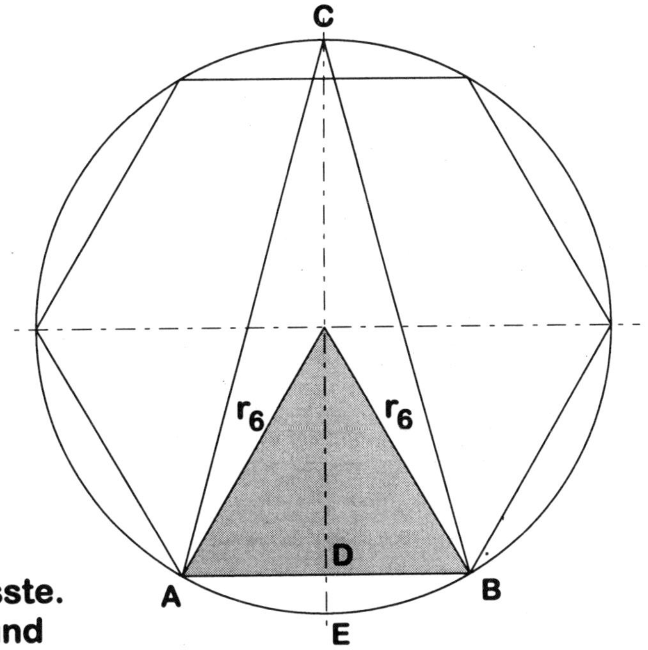

**Dieses Dreieck benutzte er, um ein regelmäßiges Zwölfeck zu erzeugen, das ja nun den doppelten Umfang des ursprünglichen Sechsecks haben musste.
Schau dir seine Zeichnung genau an und du weißt, was gemeint ist:**

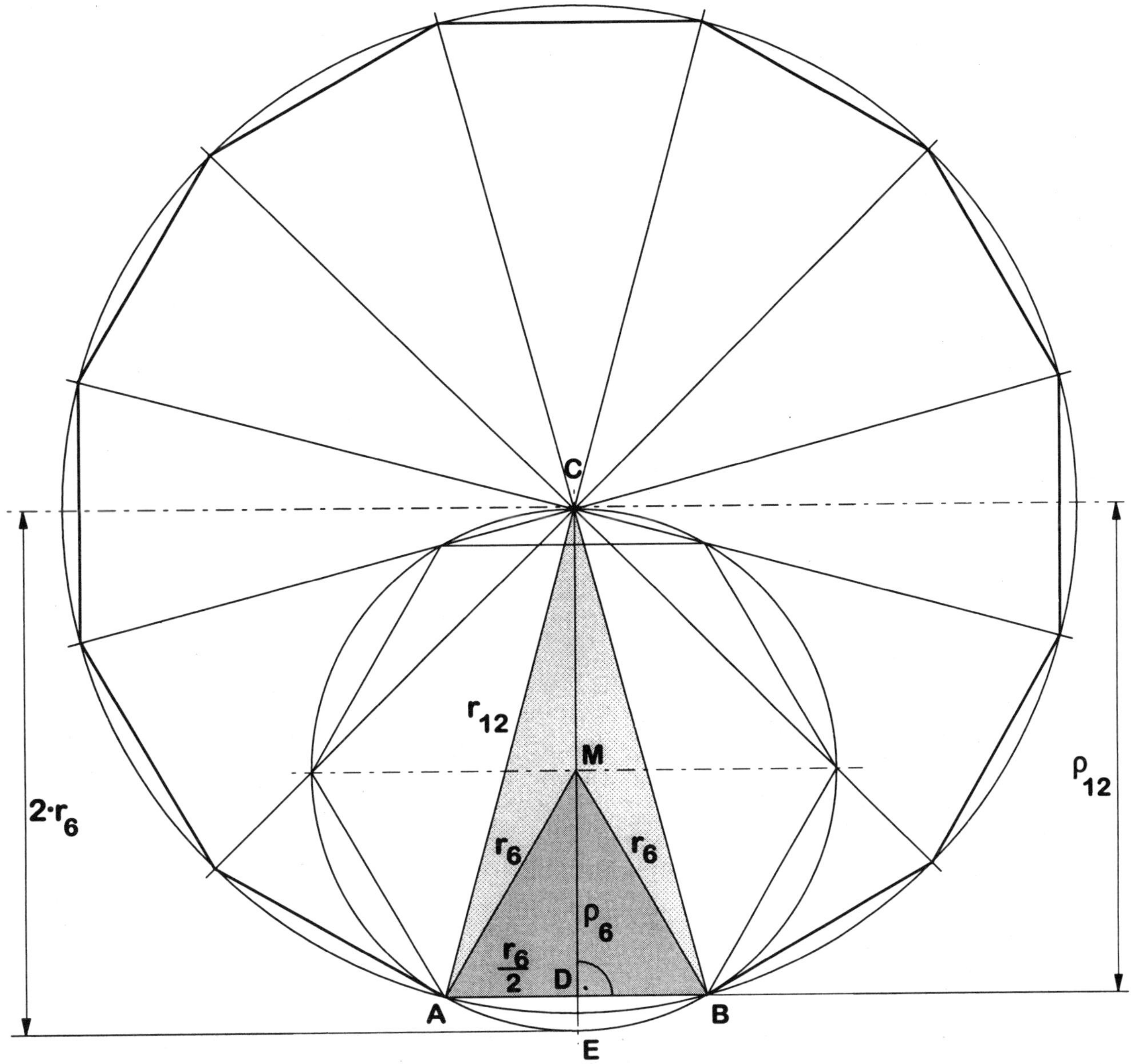

Wie der Bischof von Brixen π bestimmte

Bevor ich dir sein weiteres Vorgehen erkläre, sollten dir einige Bezeichnungen klar werden.

Die Strecke $\overline{AC}$ nannte Cusanus r_{12}, denn sie entsprach ja dem Umkreisradius des regelmäßigen Zwölfecks.

$\overline{DC}$ nannte er ρ_{12}, weil $|\overline{DC}|$ der Inkreisradius ρ des neuen Zwölfecks ist.

Also $\quad r_{12} = \overline{AC}\,,\ \rho_{12} = \overline{DC}\,.$

Wie du der Abbildung entnehmen kannst, gilt $\quad \rho_{12} = r_6 + \rho_6\,.$

Und nun kommt der Kolossaltrick des Bischofs Nikolaus. Wie du mühelos erkennst, ist der Umfang des Zwölfecks doppelt so groß wie der Umfang des ursprünglichen Sechsecks. Cusanus wollte erreichen, dass sein Zwölfeck denselben Umfang hat wie sein Sechseck. Was musste er tun? Na klar, er musste die Strecken $\overline{AC}$ und $\overline{DC}$ halbieren. Wenn er also

$$r_{12} = \frac{\overline{AC}}{2} \quad \text{und} \quad \rho_{12} = \frac{\overline{DC}}{2} \quad \text{bzw.} \quad \rho_{12} = \frac{r_6 + \rho_6}{2}$$

wählte, dann hatte er genau das, was er wollte.

ρ_{12} ließ sich ja ganz leicht bestimmen, weil er $r_6 = 1$ gewählt hatte und er ρ_6 mit 0,866025404 errechnet hatte.

$$\rho_{12} = \frac{1 + 0{,}866025404}{2}$$

$$\rho_{12} = 0{,}933012702$$

Wie aber berechnet man r_{12}?

Dazu befragen wir Euklid, den griechischen Mathematiker, der um 500 v. Chr. lebte und in seinem Werk »Elemente« fast 500 geometrische Sätze und Beweise aufstellte.
Einer der Sätze lautete:
»In jedem rechtwinkligen Dreieck ist das Quadrat über einer Kathete flächeninhaltsgleich zu dem Rechteck, das aus der Hypotenuse und dem zur Kathete gehörenden Hypotenusenabschnitt gebildet wird«.
Schau dir die Zeichnung an und du hast keine Schwierigkeiten mehr, den Sachverhalt zu checken.
Alles Müller, oder?

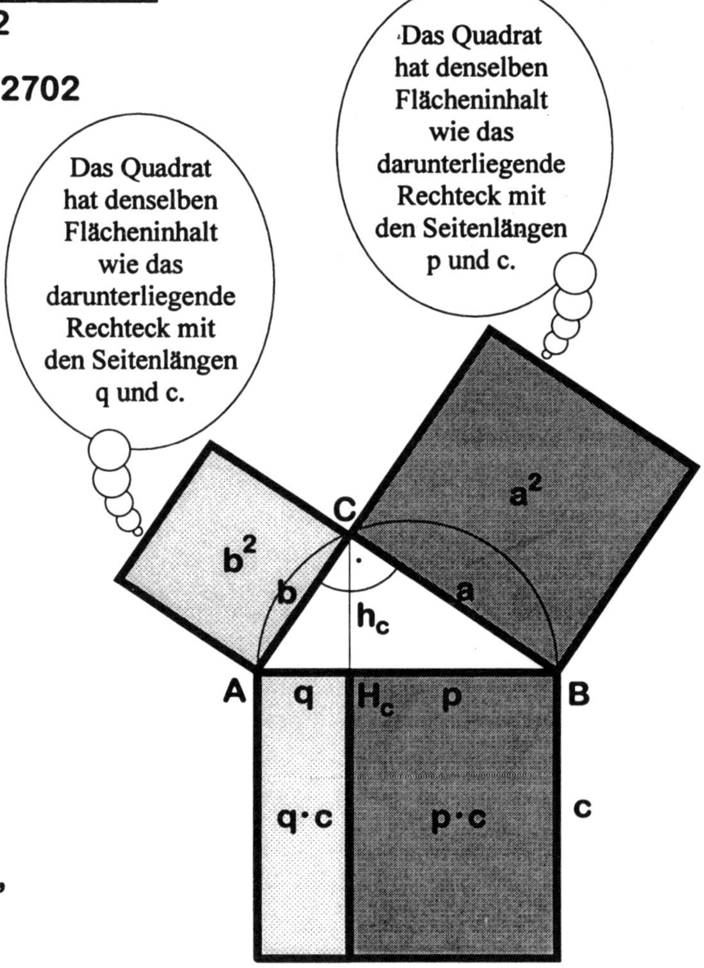

Wie der Bischof von Brixen π bestimmte

Diesen sogenannten »Kathetensatz des Euklid« benutzte Nikolaus von Cues nun, um den Umkreisradius r_{12} zu berechnen.

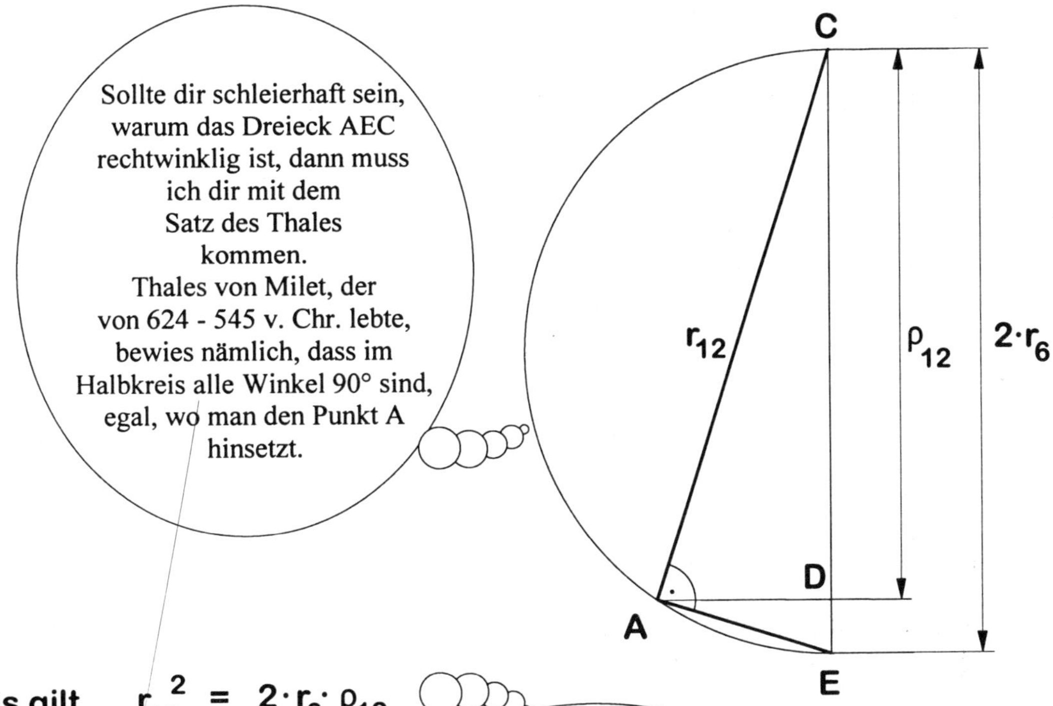

Es gilt $r_{12}^2 = 2 \cdot r_6 \cdot \rho_{12}$

$$\rho_{12} = r_6 + \rho_6$$

$$r_{12}^2 = 2 \cdot r_6 \cdot (r_6 + \rho_6)$$

$$r_{12} = \sqrt{2 \cdot 1 \cdot (1 + 0{,}866025404)}$$

$$r_{12} = 1{,}931851653$$

Berechnet hatte er das »alte« r_{12}.
Da Cusanus alle Maße halbieren musste, um auf denselben Umfang wie beim Sechseck zu kommen, dividierte er diesen Wert ebenfalls durch 2:

$$r_{12} = 0{,}965925826$$

Ziemlich schweißtreibend, dieses Verfahren. Aber es sollte noch toller kommen. Cusanus dachte sich: »Das, was du vom Sechseck zum Zwölfeck geschafft hast, klappt auch bestimmt vom Zwölf- zum Vierundzwanzigeck«. Und als er sich so ganz cool die Sache überlegte, war ihm gleich klar, dass er ρ_{24} berechnen konnte:

$$\rho_{24} = \frac{r_{12} + \rho_{12}}{2}$$

$$\rho_{24} = (0{,}965925826 + 0{,}933012702):2$$

$$\rho_{24} = 0{,}949469264$$

Den Umkreisradius berechnete er ebenso einfach:

$$r_{24} = \frac{\sqrt{2 \cdot 0{,}965925826 \cdot (0{,}965925826 + 0{,}933012702)}}{2}$$

Prof. Nosenix' Trickkiste

Historische Verfahren - zeitgemäß aufbereitet

Wie der Bischof von Brixen π bestimmte

Cusanus berechnete $\rho_{48} = \frac{r_{24} + \rho_{24}}{2}$ und $r_{48} = \frac{\sqrt{2 \cdot r_{24} \cdot (r_{24} + \rho_{24})}}{2}$

Danach ρ_{96} und r_{96}, ρ_{192} und r_{192}, usw.

Und wenn er nicht gestorben wäre, dann säße er heute noch über der Berechnung von π.
Mache es ihm einmal nach und berechne die Werte bis zum 6144 - Eck.
Fülle einfach die Tabelle aus.
Solltest du mit den Formel durcheinanderkommen, hier ist eine kleine Vereinfachung:

$$\rho_{2 \cdot n} = \frac{r_n + \rho_n}{2}$$

$$r_{2 \cdot n} = \frac{\sqrt{2 \cdot r_n \cdot (r_n + \rho_n)}}{2}$$

Wenn du jetzt für n die Werte 6, 12, 24, 48, 96, 192, ... einsetzt, hast du jeweils die Formel, die du zur Berechnung brauchst.

n	r_n	ρ_n
6	1,000000000	0,866025404
12	0,965925826	0,933012702
24		0,949469264
48		
96		
192		
384		
768		
1536		
3072		
6144		

Wie der Bischof von Brixen π bestimmte

n	r_n	ρ_n
6	1,000000000	0,866025404
12	0,965925826	0,933012702
24	0,957662197	0,949469264
48	0,955611769	0,953565731
96	0,955100122	0,954588750
192	0,954972270	0,954844436
384	0,954940311	0,954908353
768	0,954932322	0,954924332
1536	0,954930324	0,954928327
3072	0,954929825	0,954929326
6144	0,954929700	0,954929575

Hast du es noch bis zum 6144-Eck geschafft? Dann ist es bestimmt nicht deiner Aufmerksamkeit entgangen, dass mit wachsender Eckenzahl der Inkreisradius immer größer, der Umkreisradius aber immer kleiner wird. Führt man dieses Verfahren fort, dann kommen sich die beiden Radien ziemlich nahe.
Wenn du ganz viel Zeit hast, kannst du versuchen, mit dem 12288-Eck bzw. 24576-Eck weiterzumachen. Denke aber daran, Cusanus hatte keinen Taschenrechner, er machte alles »zu Fuß«.
Was brachte es ihm aber nun für die Berechnung von π, wenn er wusste, dass $r_{6144} = 0{,}9549297$ und $\rho_{6144} = 0{,}954929575$ waren?

Na klar! Weil der Umfang all seiner Vielecke immer 6 Einheiten betrug und

$$\pi = \frac{u}{2 \cdot r}$$

ist, konnte er π jetzt annähernd ausrechnen:

$$\pi \approx \frac{6}{2 \cdot 0{,}9549297} \quad \text{bzw.} \quad \pi \approx \frac{6}{2 \cdot 0{,}954929575}$$

Damit ergibt sich $3{,}141592517 < \pi < 3{,}141592928$.
So schwer ist das Verfahren unseres Bischofs doch nicht gewesen, oder?
Stell dir einmal vor, du hättest einen Taschenrechner mit 50-stelliger Anzeige.
Innerhalb einer Woche hättest du π bis auf 48 Nachkommastellen genau bestimmt.
Aber wer hindert dich eigentlich daran, die ganze Sache ohne Taschenrechner durchzuziehen? Niemand! Aber ich warne dich! Es lohnt sich wirklich nicht.

Wie C. F. Gauß π bestimmte

Carl Friedrich Gauß (1777 - 1855) verblüffte schon im Alter von sieben Jahren seinen Mathepauker. Als der nämlich wieder mal gestresst war, vielleicht hatte er aber auch keine Lust, stellte er seinen lieben Kleinen die Aufgabe, alle Zahlen von 1 bis 100 zu addieren. Es war noch nicht einmal eine Minute vergangen, da legte ihm der kleine Gauß die Lösung auf den Tisch und sagte: »Lies mal!« Seine Lösung war richtig und lautete 5050. Gauß hatte sich nämlich überlegt, dass 1 + 100 = 101, 2 + 99 = 101, 3 + 98 = 101, ...
Das konnte er 50-mal machen. Also rechnete er nur 50 x 101.
Klar, dass aus ihm mal ein berühmter Mathematiker wurde, der auch auf »geniale« Weise an die Berechnung von π ging.
Bevor ich dir aber seine Idee vorstelle, habe ich eine schwierige Aufgabe für dich, bei der du beinahe Tennisschiedsrichterqualitäten haben musst.
Du siehst zehn konzentrische Kreise. Zähle für jeden Kreis die Anzahl der Punkte, die <u>in</u> dem Kreis oder <u>auf</u> der Kreislinie liegen und fülle die Tabelle aus.

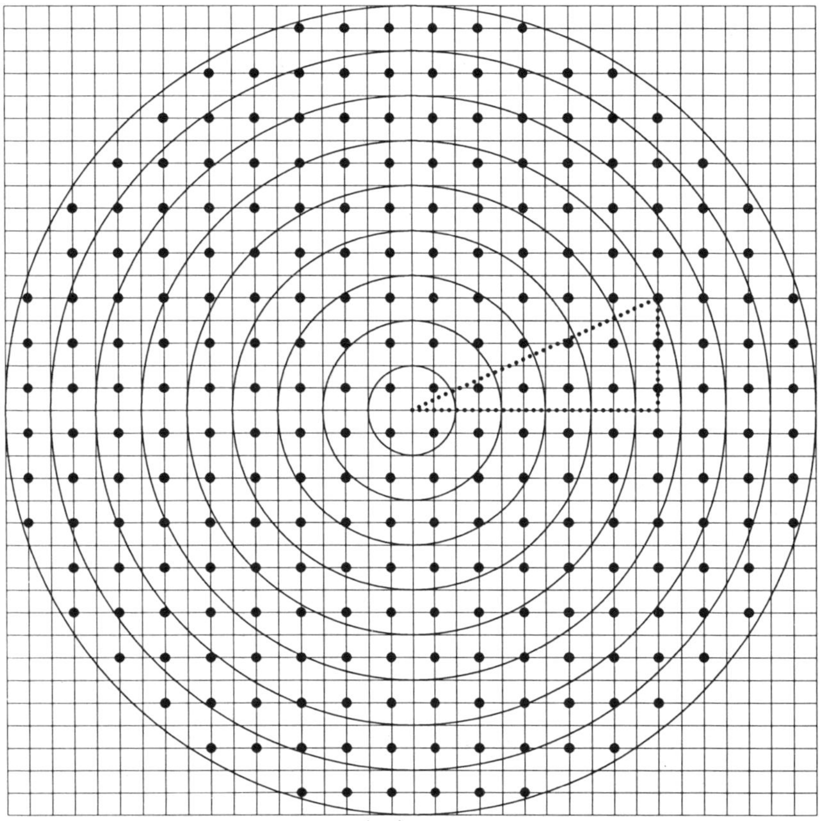

G(n) ist die Anzahl der Gitterpunkte im Kreis n (n = 1, 2, ... , 10)	r	$\frac{G(n)}{r^2}$
4	1	4
12	2	3
32	3	3,555555
	4	
	5	
	6	
	7	
	8	
	9	
	10	

Was vermutest du?
Wenn du dir nicht sicher bist, ob ein Punkt innerhalb oder außerhalb des Kreises liegt, dann hilft nur eins: Der »gute, alte« Satz des Pythagoras. Man verbindet den »unsicheren« Punkt mit dem Mittelpunkt des Kreises und schon hat man ein rechtwinkliges Dreieck.

Wie C. F. Gauß π bestimmte

Um entscheiden zu können, ob z. B. der Punkt P (x;y) im Kreis oder auf der Kreislinie mit dem Radius r liegt, muss gelten

$$\sqrt{x^2 + y^2} \leq r$$

Greife dir doch einmal den strittigen Punkt P (5,5;2,5) heraus. Liegt er innerhalb des Kreises mit dem Radius r = 6? Da

$$\sqrt{5{,}5^2 + 2{,}5^2} = 6{,}041522987,$$

liegt dieser Punkt außerhalb des Kreises.
Ich denke mal, dass die Überprüfung einzelner Punkte keine Probleme macht, wenn man richtig mit dem Taschenrechner umgehen kann.
Aber nun zu einer Knobelaufgabe. Du sollst rechnerisch ermitteln, ob sich die Punkte im Kreis oder auf der Kreislinie befinden oder nicht. Der Radius soll einmal r = 10 Einheiten sein. Wenn du alles richtig machst, ergibt sich durch Aneinanderreihen der Buchstaben ein Lösungswort.

	Liegt im Kreis oder auf der Kreislinie	
	Ja	Nein
P (-5;-9)	A	R
P (9;4)	E	R
P (-7;-7)	C	M
P (8;7)	L	H
P (1;9)	E	U
P (6;9)	C	N
P (-1;10)	H	G
P (4;9)	E	T
P (-6;-8)	N	E
P (10;0)	I	R
P (-2;10)	S	E

Dem Mathematiker Gauß war natürlich die Auszählerei nicht mathematisch genug. Zählen kann halt fast jeder.
Nein, er wollte für jeden Kreis, egal, welchen Radius er hatte, die Anzahl der Gitterpunkte berechnen können. Zu diesem Zweck dachte er sich etwas Neues aus. Er zeichnete in ein Gitternetz einen Kreis mit dem Radius $\sqrt{n}$, wobei n beliebig gewählt werden kann.
Bei meiner Zeichnung wurde n = 100 gewählt, d. h. der Radius meines Kreises beträgt 10 Einheiten.

Wie C. F. Gauß π bestimmte

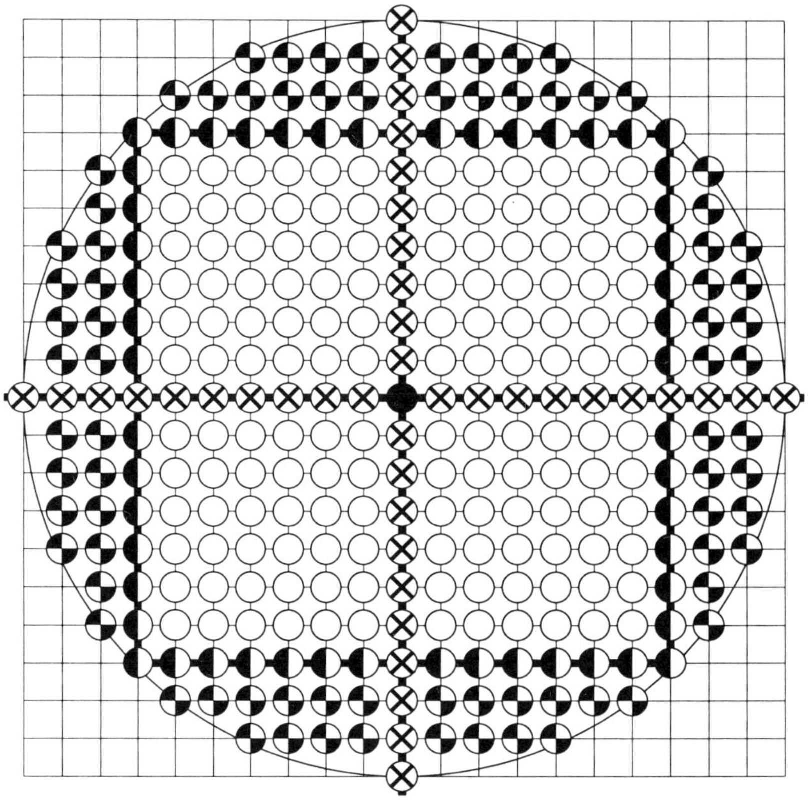

Gauß »zerlegte« die Menge der Gitterpunkte in vier Teilmengen.
Teilmenge $\mathbb{A}$ enthält nur den Ursprungspunkt P (0;0).
Es dürfte klar sein, dass diese Teilmenge für jeden Kreis nur ein Element enthält (●).

Teilmenge $\mathbb{B}$ soll all die Gitterpunkte enthalten, die auf der waagerechten und senkrechten Koordinatenachse liegen (⊗). Den Punkt P (0;0) muss man davon ausnehmen, klaro. Nach den Berechnungen von Gauß enthält diese Teilmenge immer, also für jeden Kreis mit dem Radius $\sqrt{n}$, $4 \cdot [\sqrt{n}]$ Elemente. Die eckigen Klammern bedeuten, dass man nur den ganzzahligen Anteil der Wurzel »nehmen« darf.
Für diese eckigen Klammern haben die Mathematiker auch einen eigenen Namen.
Sie sagen $[\sqrt{n}]$ - Integer von Wurzel aus n

Beispiele: $\sqrt{19} = 4{,}3588989$ $[\sqrt{19}] = 4$
$\sqrt{425} = 20{,}615528$ $[\sqrt{425}] = 20$
$\sqrt{10000} = 100$ $[\sqrt{10000}] = 100$

Für die obige Zeichnung ergibt sich, dass die Teilmenge $\mathbb{B}$ 40 Gitterpunkte enthält. Rechne nach und zähle einmal durch.

Teilmenge $\mathbb{C}$ enthält die Gitterpunkte außerhalb der Koordinatenachsen, die in oder auf dem einbeschriebenen Quadrat liegen (○ ◐).

Die Anzahl beträgt nach Gauß $4 \cdot [\sqrt{n:2}]^2$

Das sind 196 Punkte. Rechne nach.

Wie C. F. Gauß π bestimmte

Teilmenge ID soll die übrigen Gitterpunkte enthalten. Auch für ihre Anzahl entwickelte Gauß eine Formel:

$$8 \cdot \sum_{i=[\sqrt{n:2}]+1}^{[\sqrt{n}]} [\sqrt{n - i^2}]$$

Das ist nun eine ganz »haarige« Formel, die für diesen speziellen Kreis so aussieht:

$$8 \cdot \sum_{i=8}^{10} [\sqrt{100 - i^2}]$$

Diese Formel wird dir aber auch nicht weiterhelfen, es sei denn, du kennst das sogenannte Summenzeichen Sigma ($\sum$).
Wie du weißt, neigen die meisten Mathematiker zur Faulheit. Sie wollen durch »Sonderzeichen« lästige Schreibarbeit vermeiden.
Statt 1 + 2 + 3 + 4 + 5 + 6 + 7 + 8 + 9 + 10 schreiben sie kürzer

$$\sum_{i=1}^{10} i$$

Weitere Beispiele helfen dir »auf die Sprünge«:

$$5 + 10 + 15 + 20 + 25 + 30 + 35 + 40 = \sum_{i=1}^{8} 5 \cdot i$$

$$9 + 16 + 25 + 36 + 49 + 64 + 81 + 100 + 121 = \sum_{i=3}^{11} i^2$$

Was bedeutet nun $8 \cdot \sum_{i=8}^{10} [\sqrt{100 - i^2}]$? Na klar!

$$= 8 \cdot \left([\sqrt{100 - 8^2}] + [\sqrt{100 - 9^2}] + [\sqrt{100 - 10^2}] \right)$$

$$= 8 \cdot (6 + 4 + 0)$$

$$= 8 \cdot 10$$

$$= 80$$

Damit enthält unser Kreis insgesamt 1 + 40 + 196 + 80 = 317 Gitterpunkte.
Und jetzt kommt der »casus knaxi«, wo man lange und angestrengt nachdenken muss.
Nach den gesamten Vorüberlegungen hast du sicherlich gemerkt, dass man ungefähr π erhält, wenn man die Anzahl der Gitterpunkte durch n dividiert.

$$\pi \approx \frac{G(n)}{n}$$

$$\pi \approx \frac{317}{100}$$

$$\pi \approx 3{,}17$$

Wie C. F. Gauß π bestimmte

Wenn du π »genauer« bestimmen willst, dann bleibt dir nichts anderes übrig, als den Radius $\sqrt{n}$ bzw. n größer zu wählen.

Versuche es doch einmal mit n = 400. Das bedeutet, dass der Radius r des Kreises 20 Einheiten beträgt. Die Gauß´sche Formel lautet:

$$G(n) = 1 + 4 \cdot [\sqrt{n}\,] + 4 \cdot [\sqrt{n:2}\,]^2 + 8 \cdot \sum_{i=[\sqrt{n:2}]+1}^{[\sqrt{n}]} [\sqrt{n - i^2}\,]$$

$$G(400) = 1 + 4 \cdot [\sqrt{400}\,] + 4 \cdot [\sqrt{400:2}\,]^2 + 8 \cdot \sum_{i=[\sqrt{400:2}]+1}^{[\sqrt{400}]} [\sqrt{400 - i^2}\,]$$

$$G(400) = 1 + 80 + 784 + 8 \cdot (13 + 12 + 10 + 8 + 6 + 0)$$

$$G(400) = 1257$$

$$\pi \approx \frac{G(n)}{n}$$

$$\pi \approx \frac{1257}{400}$$

$$\pi \approx 3{,}1425$$

Wenn du einmal ganz viel Langeweile hast, die Musik auf MTV oder VIVA dich anödet, dann versuche es einmal mit n = 10 000 oder n = 1 000 000. Vielleicht gelingt es dir auch, für deinen Computer ein kleines Programm zu schreiben, dass dir die mühevolle Rechnerei vom Halse schafft? Also

$$G(10000) = 1 + 4 \cdot [\sqrt{10000}\,] + 4 \cdot [\sqrt{10000 : 2}\,]^2 + 8 \cdot \sum_{i=[\sqrt{10000:2}]+1}^{[\sqrt{10000}]} [\sqrt{10000 - i^2}\,]$$

Mit Ausdauer kommst du sicherlich ans Ziel und ermittelst π mit 3,1416.

Wie C. F. Gauß π bestimmte

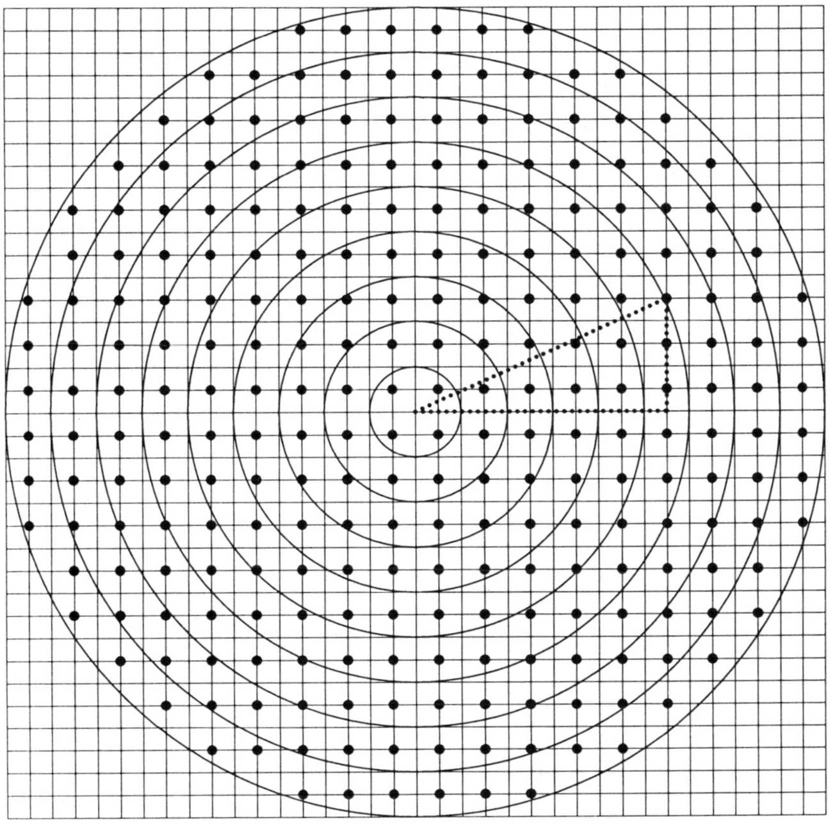

G(n) ist die Anzahl der Gitterpunkte im Kreis n (n = 1, 2, … , 10)	r	$\frac{G(n)}{r^2}$
4	1	4
12	2	3
32	3	3,555555
52	4	3,25
80	5	3,20
112	6	3,111111
156	7	3,183673
208	8	3,25
256	9	3,160494
316	10	3,16

	Liegt im Kreis oder auf der Kreislinie	
	Ja	Nein
P (-5;-9)		R
P (9;4)	E	
P (-7;-7)	C	
P (8;7)		H
P (1;9)	E	
P (6;9)		N
P (-1;10)		G
P (4;9)	E	
P (-6;-8)	N	
P (10;0)	I	
P (-2;10)		E

RECHENGENIE

Wie C. F. Gauß seine Osterformel entwickelte

Bis zum heutigen Tage gilt, dass Ostern stets am ersten Sonntag nach dem ersten Vollmond des Frühlings liegt. Wer sich das wohl ausgedacht hatte? Nun, das waren die Kirchenväter auf dem Konzil von Nicaea, das der römische Kaiser Konstantin der Große einberufen hatte. Sie legten auf dem Konzil im Jahre 325 dieseTerminierung fest. Die Festlegung war für die Astronomen allerdings ziemlich problematisch und sie stellten lange sehr, sehr komplizierte Berechnungen an, um herauszufinden: »Wann ist jeweils der erste Vollmond des Frühlings?«. Sie berechneten das exakte Datum nicht immer zur vollen Zufriedenheit, bis sich endlich im Jahre 1800 C. F. Gauß an die Berechnung wagte und eine Formel entwickelte, die so genau ist, dass sich erst für das Jahr 8202 eine Fehlberechnung bemerkbar macht. Aber bis dahin ist es ja noch etwas hin.
Seine Osterformel lautet:

Ostern fällt im Jahre J auf den (D + e + 1)sten Tag nach dem 21. März

Nun muss man nur noch wissen, wie sich D und e errechnen. So einfach sich die Formel auch liest, so kompliziert wird sie, weil du vor der Berechnung von D und e erst a, b, c, m , s, M, N und d ermitteln musst.

a = J mod 19

(sprich a gleich J modulo 19) a ist der Rest, der bei der Division der Jahreszahl durch 19 entsteht.

Beispiele für dich: Wie groß ist a für das Jahr 1998 und 2005?

1998 : 19 = 105 Rest 3
19
09
00
98
95
3

a = 3 für das Jahr 1998

2005 : 19 = 105 Rest 10
19
10
00
105
95
10

a = 10 für das Jahr 2005

Wie C. F. Gauß seine Osterformel entwickelte

b = J mod 4

(sprich b gleich J modulo 4)
b ist der Rest, der bei der Division der Jahreszahl durch 4 entsteht.

c = J mod 7

(sprich c gleich J modulo 7)
c ist der Rest, der bei der Division der Jahreszahl durch 7 entsteht.

Beispiele:
1998 mod 4 = 2
2005 mod 4 = 1
2139 mod 4 = 3
2200 mod 4 = 0
1998 mod 7 = 3
2005 mod 7 = 3
2139 mod 7 = 4
2200 mod 7 = 2

Jetzt muss dir nur noch klar sein, was eckige Klammern [ ] bedeuten. Sie zeigen an, dass du nur den ganzzahligen Anteil einer Rechnung berücksichtigen darfst.
Beispiele:

[13 : 4] = 3

(sprich Integer von 13 : 4)
Du dividierst 13 durch 4.
Von dem Ergebnis 3,25 wird nur die 3 genommen.

[2003 : 100 + 13] = 33
[1998 : 100] - [1998 : 400] - 2 = 13

Alles verstanden? Dann fällt es dir sicherlich nicht schwer, m und s zu berechnen:

$$m = \left[\frac{8 \cdot \left[\frac{J}{100} \right] + 13}{25} \right] - 2$$

Wie groß ist m für das Jahr 1998?

$$\left[\frac{8 \cdot \left[\frac{1998}{100} \right] + 13}{25} \right] - 2 = 4$$

m = 4
Rechne nach!

$$s = \left[\frac{J}{100} \right] - \left[\frac{J}{400} \right] - 2$$

Wie groß ist s für das Jahr 1998?

$$\left[\frac{1998}{100} \right] - \left[\frac{1998}{400} \right] - 2 = 13$$

s = 13
Rechne nach!

Wenn du bis jetzt noch keine Probleme beim Ausrechnen hattest, dann ist der Rest ein Kinderspiel:

M = (15 + s - m) mod 30
N = (6 + s) mod 7
d = (M + 19·a) mod 30
D = 28, falls d = 29 oder
D = 27, falls d = 28 und a ≥ 11 oder
D = d für alle anderen Fälle
e = (2·b + 4·c + 6·D + N) mod 7

Wie C. F. Gauß seine Osterformel entwickelte

Hier nun alle Formeln im Überblick.

Ostern fällt im Jahre J auf den (D + e + 1)sten Tag nach dem 21. März

a = J mod 19 b = J mod 4 c = J mod 7

$$m = \left[\frac{8 \cdot \left[\frac{J}{100}\right] + 13}{25}\right] - 2 \qquad s = \left[\frac{J}{100}\right] - \left[\frac{J}{400}\right] - 2$$

M = (15 + s - m) mod 30
N = (6 + s) mod 7
d = (M + 19·a) mod 30
D = 28, falls d = 29 oder
D = 27, falls d = 28 und a ≥ 11 oder
D = d für alle anderen Fälle
e = (2·b + 4·c + 6·D + N) mod 7

Und jetzt machen wir uns an die Osterberechnung des Jahres 1998.

a = 1998 mod 19 b = 1998 mod 4 c = 1998 mod 7
a = 3 b = 2 c = 3

$$m = \left[\frac{8 \cdot \left[\frac{1998}{100}\right] + 13}{25}\right] - 2 \qquad s = \left[\frac{1998}{100}\right] - \left[\frac{1998}{400}\right] - 2$$

m = 4 s = 13

M = (15 + 13 - 4) mod 30
M = 24

N = (6 + 13) mod 7
N = 5

d = (24 + 19·3) mod 30
d = 21

D = 21

e = (2·2 + 4·3 + 6·21 + 5) mod 7
e = 0

Ostern fällt also auf den 22. Tag nach dem 21. März. Der Ostersonntag des Jahres 1998 fällt auf den 12. April.
Schaffst du es, die Osterberechnung für die Jahre 2004, 2051 und 2183 durchzuführen?

Wie C. F. Gauß seine Osterformel entwickelte

Berechnung für das Jahr 2004

a = 9
b = 0
c = 2
m = 4
s = 13
M = 24
N = 5
d = 15
D = 15
e = 5

Ostern fällt auf den 21. Tag nach dem 21. März. Der Ostersonntag des Jahres 2004 wird auf den 11. April fallen.

Berechnung für das Jahr 2051

a = 18
b = 3
c = 0
m = 4
s = 13
M = 24
N = 5
d = 6
D = 6
e = 5

Ostern fällt auf den 12. Tag nach dem 21. März. Der Ostersonntag des Jahres 2051 wird auf den 2. April fallen.

Berechnung für das Jahr 2183

a = 17
b = 3
c = 6
m = 5
s = 14
M = 24
N = 6
d = 17
D = 17
e = 5

Ostern fällt auf den 23. Tag nach dem 21. März. Der Ostersonntag des Jahres 2183 wird auf den 13. April fallen.

Historische Verfahren - zeitgemäß aufbereitet

Wie man zufällig auf π kommt

Monte Carlo wird dir bestimmt bekannt sein als der Ort im Fürstentum Monaco, wo Harald Frentzen und andere Sportgrößen ihren Wohnsitz genommen haben, um Steuern zu sparen. Weniger bekannt ist Monte Carlo wegen seines großen Spielcasinos. Und wie das Roulette hat die Monte-Carlo-Methode zur Bestimmung der Kreiszahl π etwas mit dem Zufall zu tun.

Stell dir vor, du hättest mit einem Locher 500 DIN-A4-Blätter gelocht. Du erhältst 1000 kleine, kreisrunde Papierschnipselchen. Diese Schnipselchen lässt du auf ein Quadrat »regnen«, dem ein Viertelkreis einbeschrieben ist.

Etwas unwahrscheinlich ist es schon, dass alle 1000 Schnipsel in dem Quadrat landen, aber vorstellen kann man sich das schon. Nun beginnt eine mühevolle Arbeit. Zählt man alle Schnipsel, die im Viertelkreis gelandet sind, und dividiert man diese Anzahl durch 1000, so erhält man angenähert $\frac{\pi}{4}$. Warum das so ist, fragst du? Nimm einmal an, die 1000 Schnipsel wären so »schön« gefallen, dass sie das ganze Quadrat vollständig bedecken.

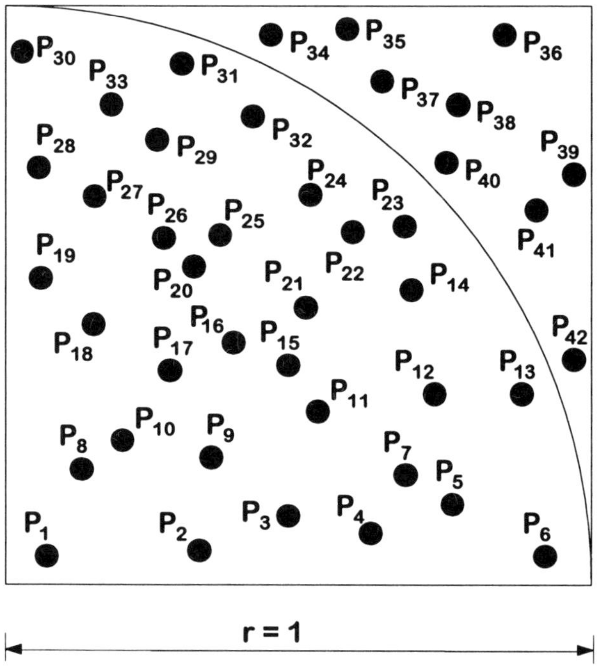

Für den Flächeninhalt des Quadrates gilt $A_1 = r^2$.

Für den Flächeninhalt des Viertelkreises berechnet sich $A_2 = \frac{r^2 \cdot \pi}{4}$.

Man setzt die Flächeninhalte ins Verhältnis:

$$\frac{A_2}{A_1} = \frac{\frac{r^2 \cdot \pi}{4}}{r^2} \text{, also } \frac{A_2}{A_1} = \frac{\pi}{4}$$

Diese Berechnungen gelten für einen mit unendlich vielen Punkten übersäten Kreis, also gelten sie auch für unsere »beschränkte« Punktmenge.

In der Abbildung erkennst du, dass insgesamt 42 Schnipsel »gefallen« sind, davon 33 in den Viertelkreis. Purer Zufall, ja doch! Aber denkbar!

Dividiert man 33 durch 42, so soll dieser Wert angenähert $\frac{\pi}{4}$ sein.

Überprüfen wir einmal: $(33 : 42) \cdot 4 = 3{,}142857143$.

Donnerwetter, es scheint zu klappen.

Jetzt kommt eine Aufgabe für dich, an der du und dein Nachbar eure helle Freude haben werdet. Verbinde deinem Nachbarn die Augen, drücke ihm eine Stecknadel in die Hand und lasse ihn auf das Blatt auf der nächsten Seite einstechen. Zähle die Anzahl Stiche, die in die Kreise treffen und setze sie ins Verhältnis zu den Stichen, die daneben liegen.

Bei insgesamt 1000 Stichen hast du π vielleicht genauer ermittelt.

Historische Verfahren - zeitgemäß aufbereitet

Wie man zufällig auf π kommt

Wie der Prediger John Wallis π bestimmte

John Wallis (23.11.1616 - 28.10.1703) war ein Prediger, der später auf die Mathematik »umsattelte«. Er war vor allem wegen seiner Dechiffrierkunst bekannt, d. h. für ihn war das Entschlüsseln von Geheimnachrichten etwas Alltägliches. Seit 1649 lehrte er in Oxford.
Von ihm stammt das folgende unendliche Produkt, das er in seinem Hauptwerk »Arithmetica integra« 1655 in Oxford veröffentlichte:

$$\frac{\pi}{4} = \frac{2}{3}\cdot\frac{4}{3}\cdot\frac{4}{5}\cdot\frac{6}{5}\cdot\frac{6}{7}\cdot\frac{8}{7}\cdot\frac{8}{9}\cdot\frac{10}{9}\cdot\frac{10}{11}\cdot \ldots$$

Wenn du einen Taschenrechner wie den Ti-30Xa zur Verfügung hast, dann sind die ersten Berechnungen dieses unendlichen Produktes schnell geschafft.

Da du immer einen »alten« Wert mit einem »neuen« multiplizieren musst, ist es ratsam, zunächst eine Zahl in den Speicher 1 zu bringen, die bei der Multiplikation nichts bewirkt:

[ON/C] [1] [STO] [1]

Und jetzt läuft immer dieselbe blöde Tastenabfolge ab:

[2] [÷] [3] [=] [x] [RCL] [1] [=] [STO] [1] [4] [x] [RCL] [1] [=] ?

[4] [÷] [3] [=] [x] [RCL] [1] [=] [STO] [1] [4] [x] [RCL] [1] [=] ?

[4] [÷] [5] [=] [x] [RCL] [1] [=] [STO] [1] [4] [x] [RCL] [1] [=] ?

[6] [÷] [5] [=] [x] [RCL] [1] [=] [STO] [1] [4] [x] [RCL] [1] [=] ?

[6] [÷] [7] [=] [x] [RCL] [1] [=] [STO] [1] [4] [x] [RCL] [1] [=] ?

[8] [÷] [7] [=] [x] [RCL] [1] [=] [STO] [1] [4] [x] [RCL] [1] [=] ?

[8] [÷] [9] [=] [x] [RCL] [1] [=] [STO] [1] [4] [x] [RCL] [1] [=] ?

[10] [÷] [9] [=] [x] [RCL] [1] [=] [STO] [1] [4] [x] [RCL] [1] [=] ?

[10] [÷] [11] [=] [x] [RCL] [1] [=] [STO] [1] [4] [x] [RCL] [1] [=] ?

[12] [÷] [11] [=] [x] [RCL] [1] [=] [STO] [1] [4] [x] [RCL] [1] [=] ?

[12] [÷] [13] [=] [x] [RCL] [1] [=] [STO] [1] [4] [x] [RCL] [1] [=] ?

Und so weiter, und so weiter, ...
Ich bin gespannt, wie weit du es schaffst.

Wie der Prediger John Wallis π bestimmte

John Wallis (23.11.1616 - 28.10.1703) war ein Prediger, der später auf die Mathematik »umsattelte«. Er war vor allem wegen seiner Dechiffrierkunst bekannt, d. h. für ihn war das Entschlüsseln von Geheimnachrichten etwas Alltägliches. Seit 1649 lehrte er in Oxford.
Von ihm stammt das folgende unendliche Produkt, das er in seinem Hauptwerk »Arithmetica integra« 1655 in Oxford veröffentlichte:

$$\frac{\pi}{4} = \frac{2}{3} \cdot \frac{4}{3} \cdot \frac{4}{5} \cdot \frac{6}{5} \cdot \frac{6}{7} \cdot \frac{8}{7} \cdot \frac{8}{9} \cdot \frac{10}{9} \cdot \frac{10}{11} \cdot \ldots$$

Wenn du einen Taschenrechner wie den Ti-30Xa zur Verfügung hast, dann sind die ersten Berechnungen dieses unendlichen Produktes schnell geschafft.

Da du immer einen »alten« Wert mit einem »neuen« multiplizieren musst, ist es ratsam, zunächst eine Zahl in den Speicher 1 zu bringen, die bei der Multiplikation nichts bewirkt:

[ON/C] [1] [STO] [1]

Und jetzt läuft immer dieselbe blöde Tastenabfolge ab:

[2] [÷] [3] [=] [x] [RCL] [1] [=] [STO] [1] [4] [x] [RCL] [1] [=]	2.666666667
[4] [÷] [3] [=] [x] [RCL] [1] [=] [STO] [1] [4] [x] [RCL] [1] [=]	3.555555556
[4] [÷] [5] [=] [x] [RCL] [1] [=] [STO] [1] [4] [x] [RCL] [1] [=]	2.844444444
[6] [÷] [5] [=] [x] [RCL] [1] [=] [STO] [1] [4] [x] [RCL] [1] [=]	3.413333333
[6] [÷] [7] [=] [x] [RCL] [1] [=] [STO] [1] [4] [x] [RCL] [1] [=]	2.925714286
[8] [÷] [7] [=] [x] [RCL] [1] [=] [STO] [1] [4] [x] [RCL] [1] [=]	3.343673469
[8] [÷] [9] [=] [x] [RCL] [1] [=] [STO] [1] [4] [x] [RCL] [1] [=]	2.972154195
[10] [÷] [9] [=] [x] [RCL] [1] [=] [STO] [1] [4] [x] [RCL] [1] [=]	3.30239355
[10] [÷] [11] [=] [x] [RCL] [1] [=] [STO] [1] [4] [x] [RCL] [1] [=]	3.002175955
[12] [÷] [11] [=] [x] [RCL] [1] [=] [STO] [1] [4] [x] [RCL] [1] [=]	3.275101041
[12] [÷] [13] [=] [x] [RCL] [1] [=] [STO] [1] [4] [x] [RCL] [1] [=]	3.023170192

Und so weiter, und so weiter, ...
Ich bin gespannt, wie weit du es schaffst.

Historische Verfahren - zeitgemäß aufbereitet

Die Kreiszahl π im Laufe von Jahrhunderten

Um die Zahl π ranken sich die merkwürdigsten Geschichten. Da gab es z. B. den englischen Mathematiker Shanks, der im 19. Jahrhundert ohne Hilfsmittel wie Rechenschieber, Taschenrechner oder Computer π »zu Fuß« auf insgesamt 707 Dezimalstellen berechnete.
Man muß ihm aber vorhalten, dass er dafür fast 20 (in Worten: zwanzig) Jahre gebraucht hat. Seine Leistung war nicht mehr zu überbieten.
Als man seine Berechnungen aber im Jahre 1945 mit einer elektronischen Rechenmaschine überprüfte, stellte man fest, dass der gute Mann sich an der 528. Nachkommastelle vertan hat. Shanks hat also ungefähr 5,06364922 Jahre seines Lebens damit verbracht, mit falschem Zahlen weiterzurechnen.
Aber vermutlich hat er ja nicht nur an dieser Berechnung gearbeitet, sondern sich zwischendurch mit anderen Dingen beschäftigt.
Georg Vega (1756 - 1802) schaffte es nur bis auf 140 Dezimalstellen, von denen immerhin 136 richtig waren. Zacharias Pase (1824 - 1861) berechnete 200 Nachkommastellen und von Richter († 1854) 500 Dezimalen.
Ludolph van Ceulen (1540 - 1610), ein flämischer Mathematiker und Fechtmeister, der seit 1600 Professor an der Militärschule in Leiden war, verwendete ein Vieleck mit mehr als 32 000 000 000 Ecken, um π bestimmen.
Er war so von seinem Näherungswert angetan, dass er sich den errechneten Wert mit 35 Nachkommastellen 3, 14159 26535 89793 23846 26433 83279 50288 auf seinem Grabstein einmeißeln ließ.
Übrigens gibt es Gedächtniskünstler, die versuchen, möglichst viele Nachkommastellen der Zahl π zu behalten und herzusagen.
Der Weltrekord steht bei 15151 Nachkommastellen. Aufgestellt wurde er von dem Japaner Hideaki Tomoyori. Drei Zeugen mussten sich über drei Stunden lang davon überzeugen, dass er keinen Fehler beim Hersagen machte. Daneben nimmt sich der bis dato aufgestellte Rekord eines Briten mit 5050 Stellen »ziemlich mickrig« aus.
Wie diese Gedächtniskünstler alle diese Nachkommastellen behalten können, ist ein Rätsel. Aber vielleicht benutzten sie sogenannte Eselsbrücken, nämlich Gedichte, bei denen die Anzahl der aufeinanderfolgenden Wörter die Ziffernfolge der Kreiszahl π angab:

Dir, o Held, o alter Philosoph, du Riesen-Genie!
3 1 4 1 5 9 2 6 5
Wie viele Tausende bewundern Geister,
3 5 8 9 7
Himmlisch wie du und göttlich! -
9 3 2 3 8
Noch reiner in Aeonen
4 6 2 6
Wird das uns strahlen,
4 3 3 8
Wie im lichten Morgenrot!
3 2 7 9

Äon (grch.) Zeitraum, Weltalter

Die Kreiszahl π im Laufe von Jahrhunderten

In der Bibel rechnet man mit einem Wert für π von 3, denn in der Chronik 4:2 heißt es: »Er ließ das Meer aus Erz gießen. Zehn Ellen maß es von einem Rand zum anderen; es war ganz rund und fünf Ellen hoch, eine Schnur von 30 Ellen konnte es rings umspannen.« Und auch ein anderer Bericht aus der Bibel gibt an, dass das Verhältnis von Umfang zum Durchmesser den Wert 3 annimmt. »Sodann machte er das Meer als erzgegossene Arbeit. Es maß von einem Rand zum anderen zehn Ellen, war vollkommen rund und fünf Ellen hoch. Eine Schnur von 30 Ellen konnte es rings umspannen.«
Den Text kannst du nachlesen bei Könige 7:23.
Das Meer, von dem hier die Rede ist, war eine kreisrunde Schale, die so aussah:

Ein Rabbi namens Nehemiah, der um 150 n. Chr. lebte, kam die Ausmesserei nicht genau genug vor und er wagte es, den »heiligen« Wert 3 abzuändern und den genaueren Wert $3\frac{1}{7}$ anzugeben. Das nahm man ihm sehr übel.
Er musste seine Änderung zurücknehmen. Im Talmud - das ist die Sammlung der Gesetze und religiösen Überlieferungen des nachbiblischen Judentums - findet man wieder den alten Wert 3.
Solltest du meinen, jetzt über solche Dinge lachen zu müssen, dann nimm bitte zur Kenntnis, dass das Parlament des Staates Indiana im Jahre 1897 ein Gesetz erließ, in dem π auf den Wert 4 festgesetzt wurde.
Auch die Chinesen um 1100 v. Chr. hielten 3 für angemessen, den Quotienten aus Umfang und Durchmesser darzustellen. Und wenn die Babylonier den Umfang eines Kreises berechneten, dann verdreifachten sie einfach den Durchmesser dieses Kreises. Andere waren da wesentlich genauer. Ein Mathematiker namens Aryabhata (um 510), möglicherweise aber auch sein Sohn, gaben für den Umfang eines Kreises mit einem Durchmesser von 2000 Meter folgende Formel an:
»Addiere 4 und 100, multipliziere das Ergebnis mit 8, addiere 62000 und du erhältst den Umfang.«
Demnach ist der Umfang also 62832 Meter. Dividiert man diesen Umfang durch den angegebenen Radius von 2000 Meter, dann erhält man einen Quotienten von 3,1416. Das kommt dem heutigen π schon nahe.
Damals nannte man diesen Quotienten aber noch nicht π. Dieses Zeichen taucht zum erstenmal 1647 auf. Da benutzte der Mathematiker Oughtred das Symbol $\frac{\delta}{\pi}$, um das Verhältnis Durchmesser : Umfang zu kennzeichnen. Isaac Barrow machte es genauso. David Gregor (1697) setzte für Umfang : Radius symbolisch $\frac{\pi}{\rho}$. Der erste, der schließlich dafür π (Peripherie, d. h. Kreisumfang) festlegte, war William Shanks im Jahre 1706. Leonhard Euler übernahm dieses Symbol 1737. Seitdem wird es von allen Mathematikern benutzt.
So sehr man sich aber bemühte, das Verhältnis Umfang zu Durchmesser exakt zu bestimmen, es wollte einfach nicht klappen.
Johann Heinrich Lambert (1728 - 1777), der ein Jahr vor seinem Tode Näherungsbrüche wie 103993 : 33102 oder 1019514486099146 : 324521540032945 angab, bemerkte, dass es wenig sinnvoll sei, weitere solcher Brüche zu finden. Er meinte, die Zahl π sei irrational, d. h. π ist ein unendlicher, nichtperiodischer Dezimalbruch. Den Beweis für Lamberts Behauptung erbrachte später der französische Mathematiker Adrien-Marie Legendre (1752 - 1833).

Prof. Nosenix' Trickkiste

Historische Verfahren - zeitgemäß aufbereitet

Die Kreiszahl π im Laufe von Jahrhunderten

Legendre war es auch, der vermutete, dass die Zahl π transzendent sei [transcedere (lat.) - übersteigen, überschreiten]. Seine Vermutung wurde 1882 von van Lindemann (1852 - 1939) bewiesen. Mit diesem Beweis wurden die Hoffnungen all jener zunichte gemacht, die glaubten, man könne die Kreiszahl π mit Hilfe des Zirkels und des Lineals konstruieren und so den Kreis in ein flächengleiches Quadrat verwandeln, die sogenannte »Quadratur des Kreises«.

Der Vollständigkeit halber gebe ich dir weitere Näherungen für π an. Rechne mit dem Taschenrechner aus, welchen Wert die einzelnen Näherungen annehmen.

$\sqrt{\frac{\pi}{4}} \approx \frac{7}{8} + \frac{1}{8 \cdot 29} - \frac{1}{8 \cdot 29} \cdot [\frac{1}{6} - \frac{1}{6 \cdot 8}]$

Die Inder in der Zeit von 3000 - 500 v. Chr.

$\sqrt{\frac{4}{\pi}} \approx \frac{2 + \sqrt{2}}{3}$

Die Inder in der Zeit von 3000 - 500 v. Chr.

$\pi \approx \left[\frac{7}{4}\right]^2$

Die Inder im 5. Jahrhundert

$\pi \approx 3\frac{17}{120}$

Ptolemäus um 140 n. Chr.
Er war ein berühmter Astronom, Geograph und Mathematiker

$\pi \approx \sqrt{10}$

Der Chinese Chang Höng

$\pi \approx \frac{142}{45}$

Der Chinese Wang Fang

$\pi \approx \frac{355}{113}$

Der chinesische Ingenieur Tsu Ch´ung-Chih (430 - 501)

$\pi \approx 1{,}8 + \sqrt{1{,}8}$

Vieta (1540 - 1603)

$\pi \approx \frac{88}{\sqrt{785}}$

Der dänische Astronom Tycho Brahe (um 1580)

$\pi \approx \left[\frac{39}{22}\right]^2$

Simone Duchesne (um 1583)

$\pi \approx \sqrt{\sqrt{\frac{2143}{22}}}$

Ramanujan (um 1914)

»Not bad!«, würde der Engländer sagen. Dieser Srinivasa Ramanujan (1887 - 1920) muss ein wahres Genie gewesen sein, denn ohne mathematische Lehrbücher gelang es ihm durch Selbststudium, verblüffende, originelle Entdeckungen auf dem Gebiet der Mathematik zu machen. Die letzten Jahre seines Lebens (1914 - 1919) verbrachte er in Cambridge (England). Aus dieser Zeit stammt auch das folgende Gespräch mit dem englischen Mathematiker G. H. Hardy.

Hardy: »Eben bin ich mit dem Taxi gekommen. Die Nummer des Taxis war ganz uninteressant, nämlich 1729.«

Ramanujan: »Aber ganz im Gegenteil. Es ist die kleinste Zahl, die auf zwei verschiedene Weisen als Summe zweier Kuben ausgedrückt werden kann.«

Finde die zwei Möglichkeiten, für die gilt **$x^3 + y^3 = 1729$**

Die Kreiszahl π im Laufe von Jahrhunderten

Legendre war es auch, der vermutete, dass die Zahl π transzendent sei [transcedere (lat.) - überstiegen, überschreiten]. Seine Vermutung wurde 1882 von van Lindemann (1852 - 1939) bewiesen. Mit diesem Beweis wurden die Hoffnungen all jener zunichte gemacht, die glaubten, man könne die Kreiszahl π mit Hilfe des Zirkels und des Lineals konstruieren und so den Kreis in ein flächengleiches Quadrat verwandeln, die sogenannte »Quadratur des Kreises«.
Der Vollständigkeit halber gebe ich dir weitere Näherungen für π an. Rechne mit dem Taschenrechner aus, welchen Wert die einzelnen Näherungen annehmen.

$\sqrt{\frac{\pi}{4}} \approx \frac{7}{8} + \frac{1}{8 \cdot 29} - \frac{1}{8 \cdot 29} \cdot [\frac{1}{6} - \frac{1}{6 \cdot 8}]$ **3.088326491**

Die Inder in der Zeit von 3000 - 500 v. Chr.

$\sqrt{\frac{4}{\pi}} \approx \frac{2 + \sqrt{2}}{3}$ **3.088311755**

Die Inder in der Zeit von 3000 - 500 v. Chr.

$\pi \approx \left[\frac{7}{4}\right]^2$ **3.0625**

Die Inder im 5. Jahrhundert

$\pi \approx 3\frac{17}{120}$ **3.141666667**

Ptolemäus um 140 n. Chr.
Er war ein berühmter Astronom, Geograph und Mathematiker

$\pi \approx \sqrt{10}$ **3.16227766**

Der Chinese Chang Höng

$\pi \approx \frac{142}{45}$ **3.155555556**

Der Chinese Wang Fang

$\pi \approx \frac{355}{113}$ **3.14159292**

Der chinesische Ingenieur Tsu Ch´ung-Chih (430 - 501)

$\pi \approx 1{,}8 + \sqrt{1{,}8}$ **3.141640787**

Vieta (1540 - 1603)

$\pi \approx \frac{88}{\sqrt{785}}$ **3.140854685**

Der dänische Astronom Tycho Brahe (um 1580)

$\pi \approx \left[\frac{39}{22}\right]^2$ **3.142561983**

Simone Duchesne (um 1583)

$\pi \approx \sqrt{\sqrt{\frac{2143}{22}}}$ **3.141592653**

Ramanujan (um 1914)
»Not bad!«, würde der Engländer sagen. Dieser Srinivasa Ramanujan (1887 - 1920) muss ein wahres Genie gewesen sein, denn ohne mathematische Lehrbücher gelang es ihm durch Selbststudium, verblüffende, originelle Entdeckungen auf dem Gebiet der Mathematik zu machen. Die letzten Jahre seines Lebens (1914 - 1919) verbrachte er in Cambridge (England). Aus dieser Zeit stammt auch das folgende Gespräch mit dem englischen Mathematiker G. H. Hardy.
Hardy: »Eben bin ich mit dem Taxi gekommen. Die Nummer des Taxis war ganz uninteressant, nämlich 1729.«
Ramanujan: »Aber ganz im Gegenteil. Es ist die kleinste Zahl, die auf zwei verschiedene Weisen als Summe zweier Kuben ausgedrückt werden kann.«

Die zwei Lösungen lauten **$1^3 + 12^3 = 1729$ und $9^3 + 10^3 = 1729$**

Zur Quadratur des Kreises

Immer und immer wieder hat man versucht, die Kreiszahl π mit Hilfe von Zirkel und Lineal zu konstruieren. Warum? Könnte man das schaffen, wäre es möglich, jeden beliebigen Kreis in ein flächengleiches Quadrat zu verwandeln. Damit wäre die sogenannte »Quadratur des Kreises« gelungen. Versuche dazu hat es viele gegeben.
Albrecht Dürer (1471 - 1528), der deutsche Maler, Zeichner, Kupferstecher und Radierer, benutzte den Wert $\frac{25}{8}$, um einen Kreis angenähert in ein flächengleiches Quadrat umzuwandeln. Der Pole Kochanski ermittelte 1685 die Näherung $\sqrt{\frac{40}{3} - 2\sqrt{3}}$. Stellvertretend für diese Versuche folgende Konstruktion:

Zeichne einen Kreis mit dem Radius r = 1

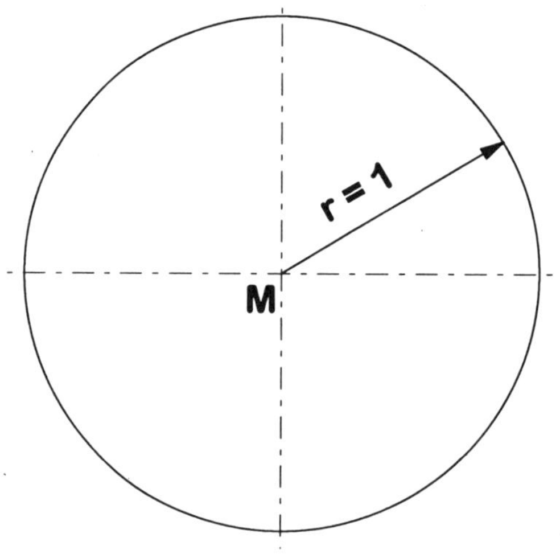

Zeichne in diesen Kreis ein Quadrat

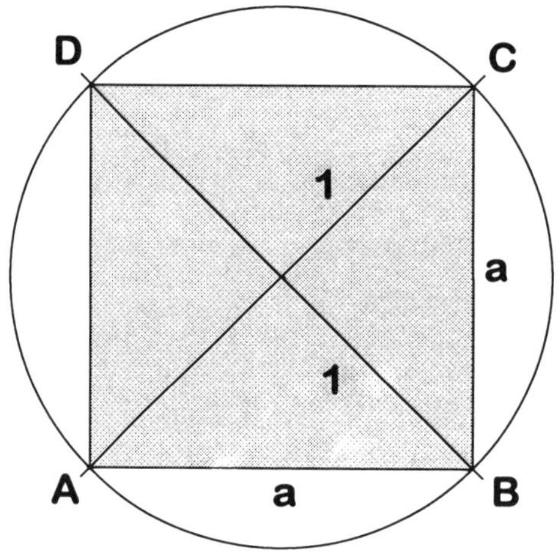

Welche Seitenlänge hat dieses Quadrat? Nach dem Satz des Pythagoras gilt:

$$a^2 = 1^2 + 1^2$$
$$a^2 = 2$$
$$a = \sqrt{2}$$

Zur Quadratur des Kreises

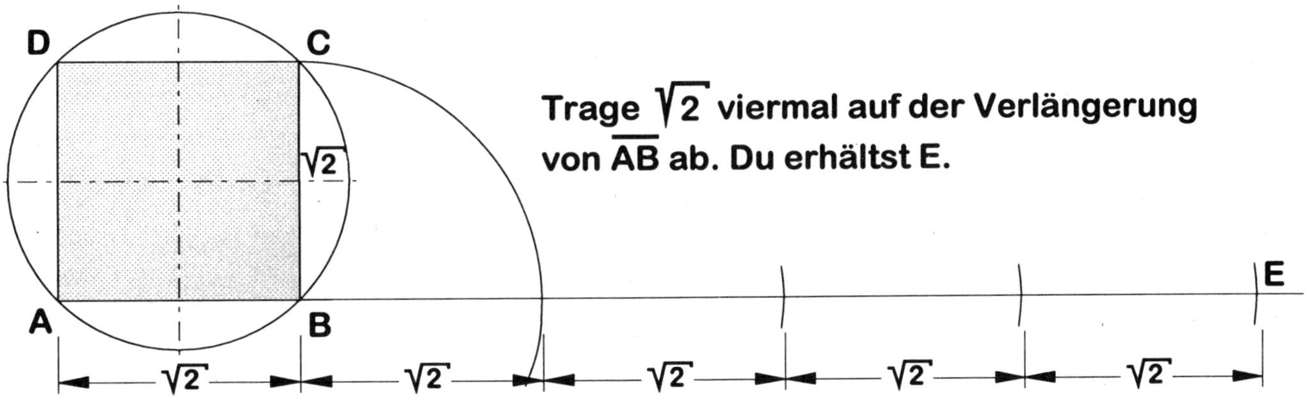

Trage $\sqrt{2}$ viermal auf der Verlängerung von $\overline{AB}$ ab. Du erhältst E.

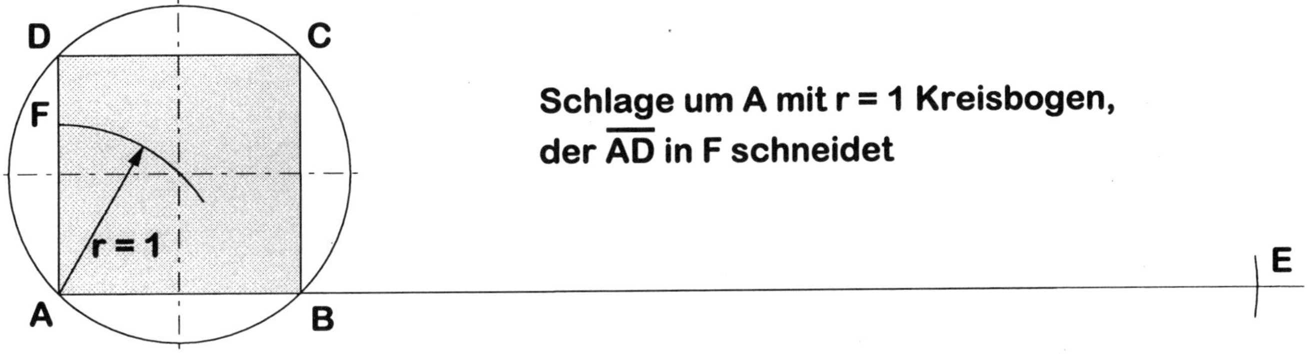

Schlage um A mit r = 1 Kreisbogen, der $\overline{AD}$ in F schneidet

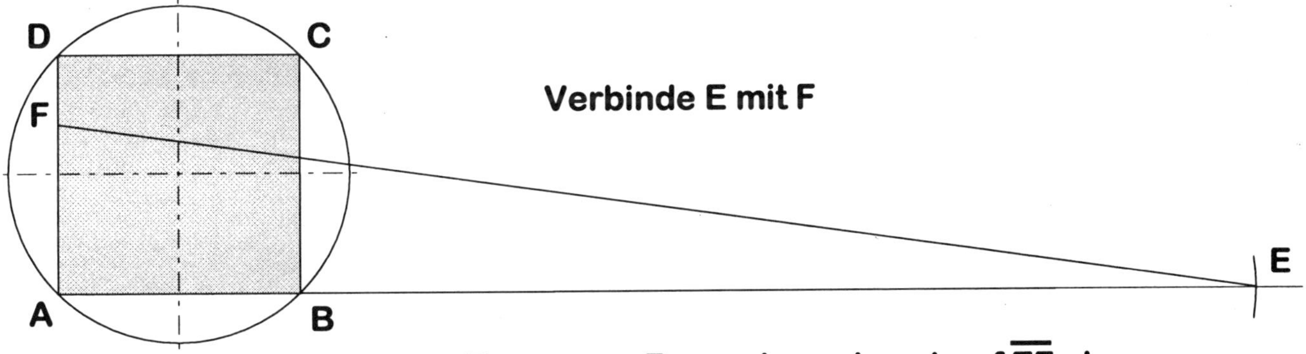

Verbinde E mit F

Trage von E aus viermal r = 1 auf $\overline{EF}$ ab. Du erhältst G. $\overline{FG}$ entspricht angenähert der Kreiszahl π.

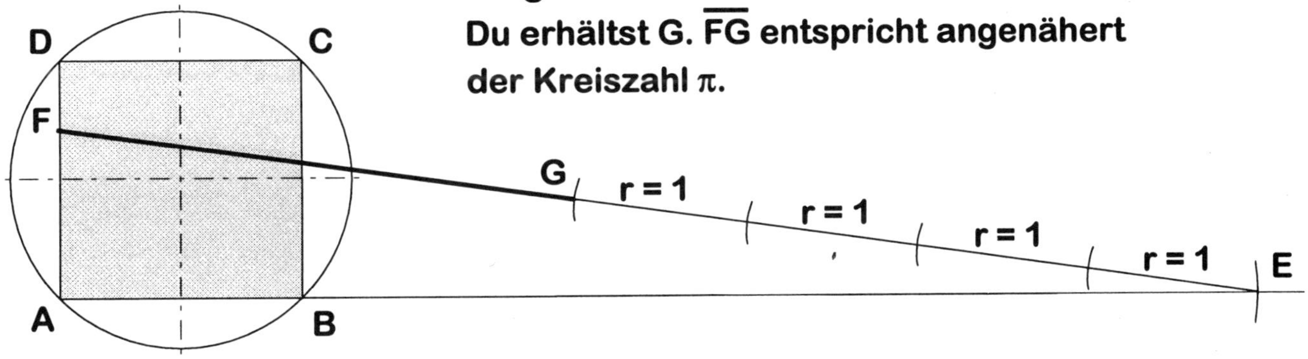

Führe die Konstruktion mit einem Radius von r = 3 cm durch.
Wie lang wird deine Strecke $\overline{FG}$? Solltest du in etwa 9,4 cm erhalten, so hast du sehr exakt gezeichnet, denn 9,4 : 3 = $3{,}1\overline{3}$.
Rein rechnerisch gilt nach dem Satz des Pythagoras

$$|FE| = \sqrt{|AF|^2 + |AE|^2}$$
$$|FE| = \sqrt{51}$$
$$|FG| = \sqrt{51} - 4 \qquad |FG| \approx 3{,}1414284$$

Historische Verfahren - zeitgemäß aufbereitet

Wie berechnet man den Flächeninhalt der Möndchen des Hippokrates?

Hippokrates von Chios, der um 440 vor Christus lebte, hat folgende Behauptung aufgestellt: Die Summe der Möndchen über den Katheten eines rechtwinkligen Dreiecks ist gleich der Fläche des rechtwinkligen Dreiecks.

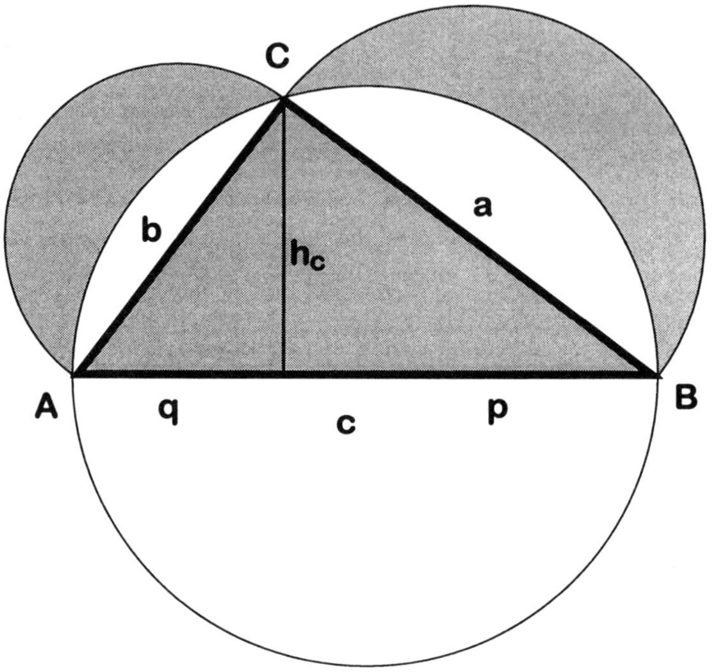

Er berechnet den Flächeninhalt des rechtwinkligen Dreiecks:

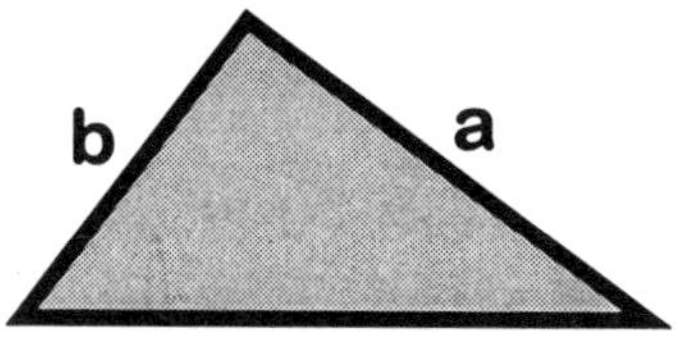

$A_1 =$

Er berechnete den Flächeninhalt des Halbkreises über b:

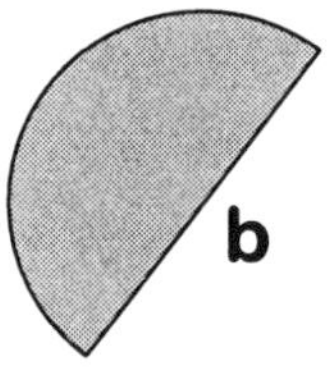

$A_2 =$

Er berechnete den Flächeninhalt des Halbkreises über a:

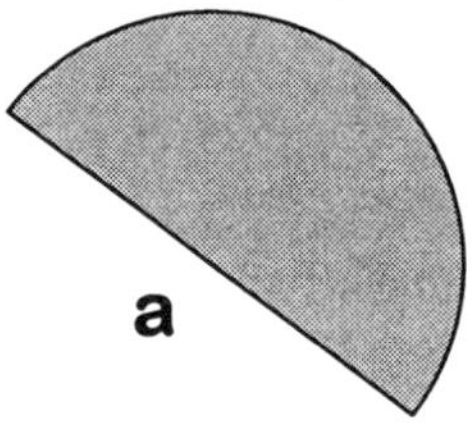

$A_3 =$

Er berechnete den Flächeninhalt des Halbkreises über c:

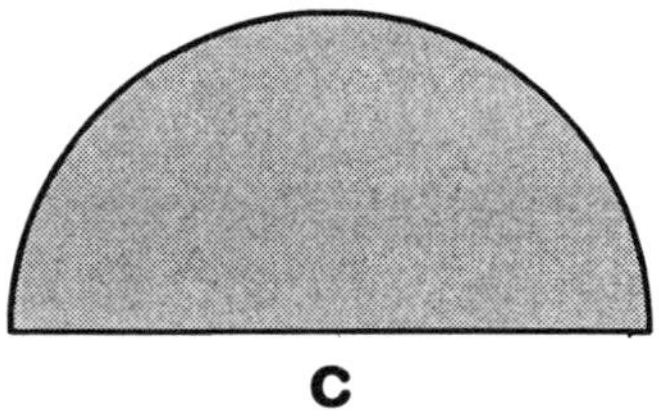

$A_4 =$

Mit

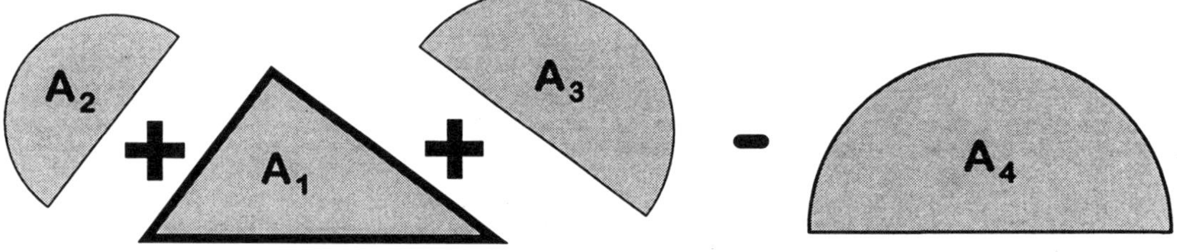

erhältst du den Flächeninhalt der Möndchen $A_5 = A_1 + A_2 + A_3 - A_4$

Zeige, dass gilt $A_5 = \frac{a \cdot b}{2}$

Historische Verfahren - zeitgemäß aufbereitet

Wie berechnet man den Flächeninhalt der Möndchen des Hippokrates?

Hippokrates von Chios, der um 440 vor Christus lebte, hat folgende Behauptung aufgestellt: Die Summe der Möndchen über den Katheten eines rechtwinkligen Dreiecks ist gleich der Fläche des rechtwinkligen Dreiecks.

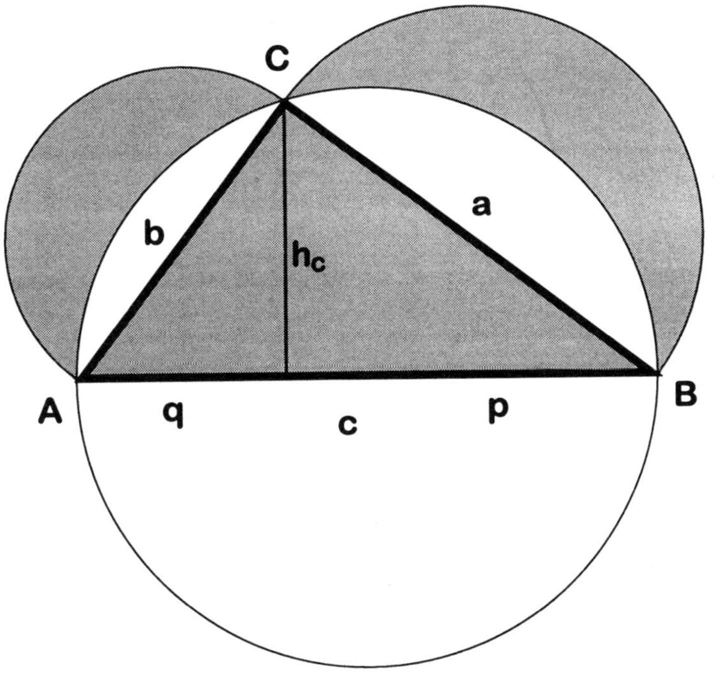

Er berechnet den Flächeninhalt des rechtwinkligen Dreiecks:

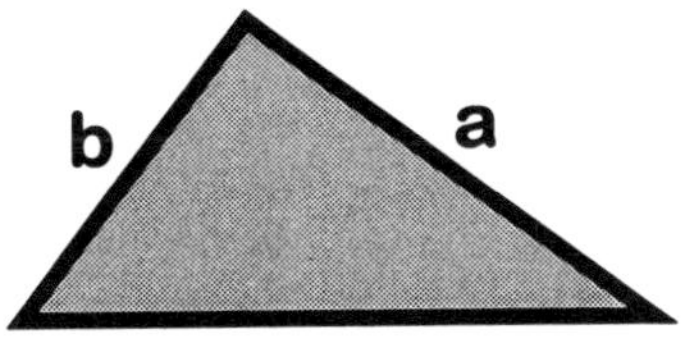

$$A_1 = \frac{a \cdot b}{2}$$

Er berechnete den Flächeninhalt des Halbkreises über b:

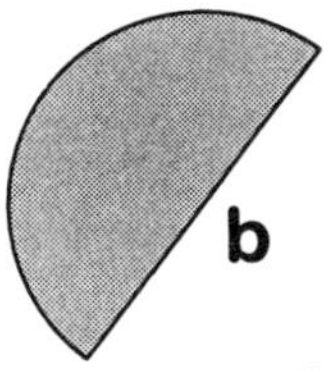

$$A_2 = \frac{b^2 \cdot \pi}{8}$$

Er berechnete den Flächeninhalt des Halbkreises über a:

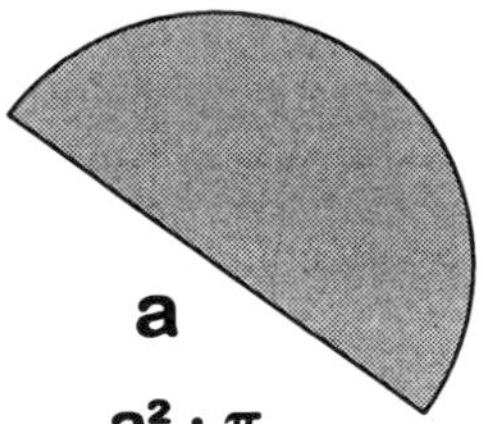

$$A_3 = \frac{a^2 \cdot \pi}{8}$$

Er berechnete den Flächeninhalt des Halbkreises über c:

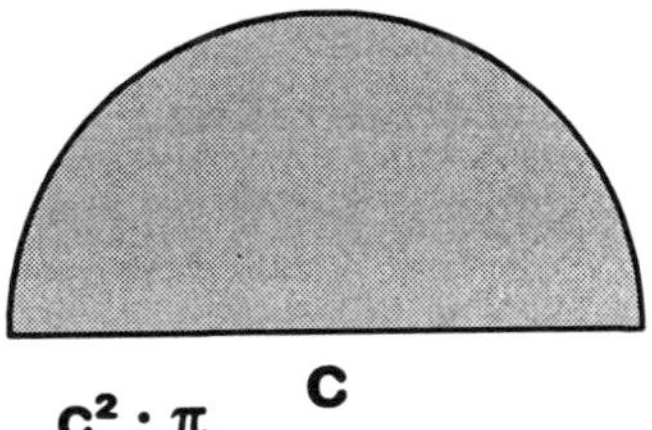

$$A_4 = \frac{c^2 \cdot \pi}{8}$$

Mit

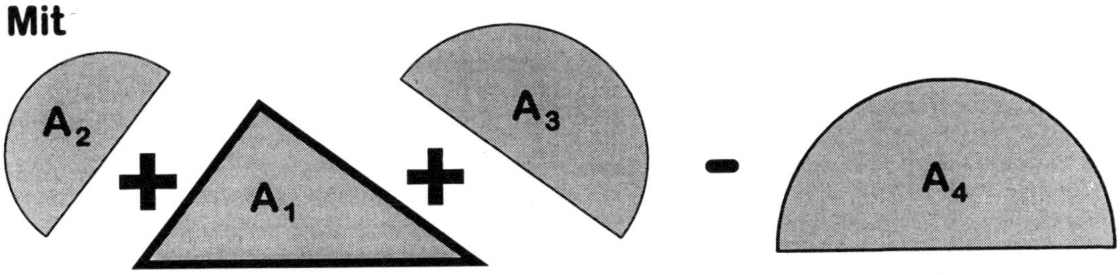

erhältst du den Flächeninhalt der Möndchen $A_5 = A_2 + A_1 + A_3 - A_4$

Zeige, dass gilt $A_5 = \frac{a \cdot b}{2}$

$$A_5 = \frac{b^2 \cdot \pi}{8} + \frac{a \cdot b}{2} + \frac{a^2 \cdot \pi}{8} - \frac{c^2 \cdot \pi}{8}$$

$$A_5 = \frac{(a^2 + b^2 - c^2) \cdot \pi}{8} + \frac{a \cdot b}{2}$$ und weil $a^2 + b^2 - c^2 = 0$, gilt

$$A_5 = \frac{a \cdot b}{2}$$

Prof. Nosenix' Trickkiste

Historische Verfahren - zeitgemäß aufbereitet

Wie Archimedes den Flächeninhalt der Symmetrischen Streitaxt berechnete

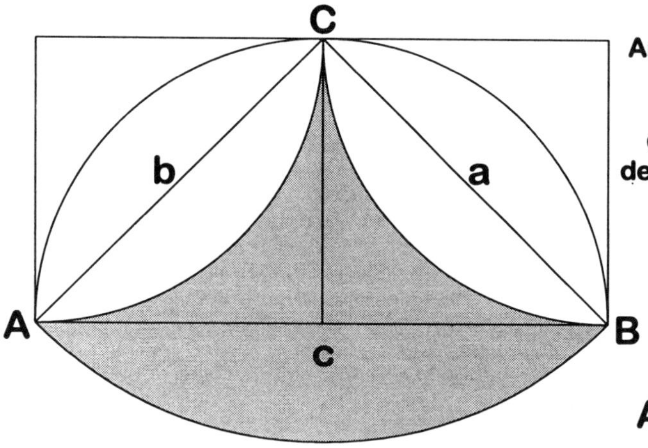

Archimedes (geb. um 287 v. Chr., gest. 212 v. Chr.), der bedeutende griechische Mathematiker und Physiker, bewies, dass der Flächeninhalt der symmetrischen Streitaxt genau so groß ist wie der Flächeninhalt des rechtwinkligen Dreiecks ABC. Mit ein wenig Hilfe schaffst du das auch.

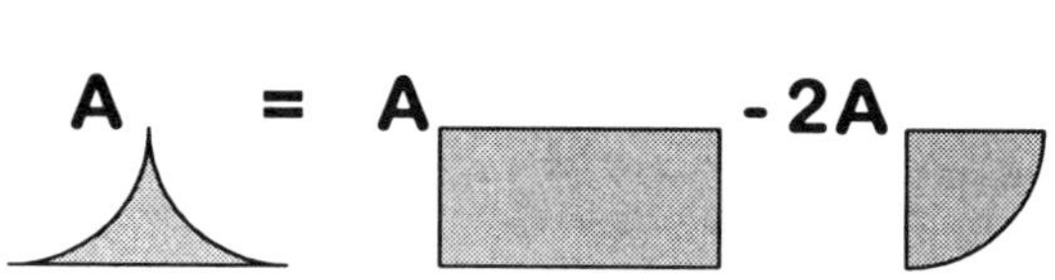

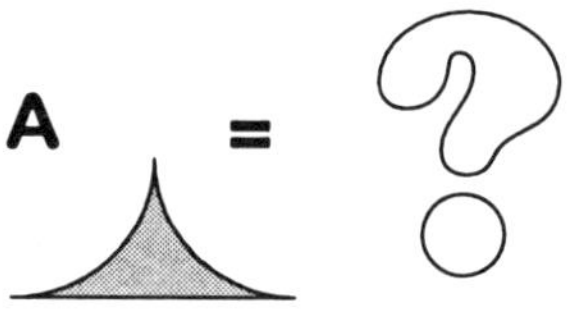

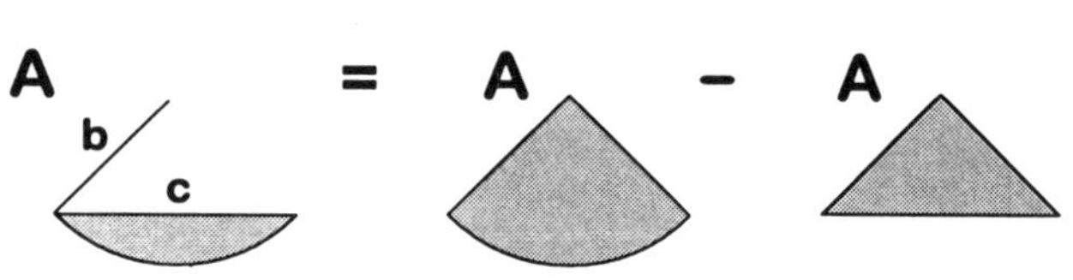

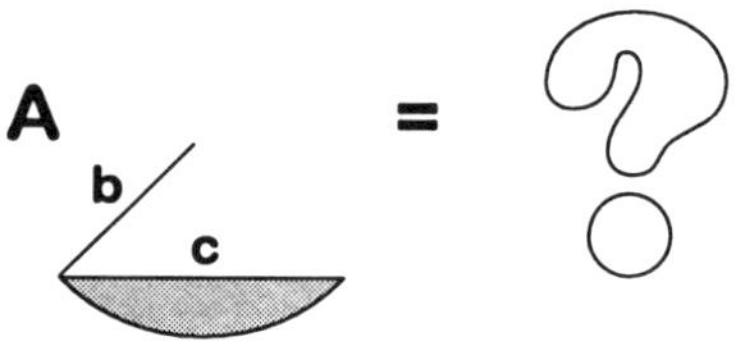

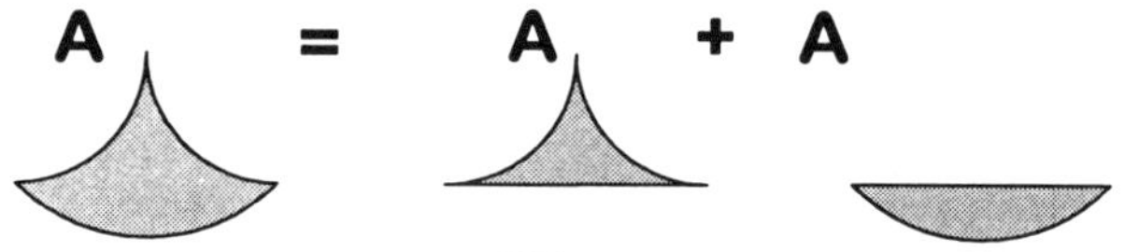

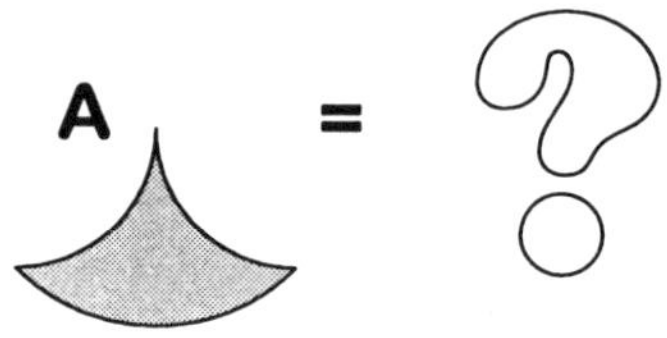

Der Rest ist fast einfach! Du formst die Gleichung um, bis du endlich das gewünschte Ergebnis erhältst.

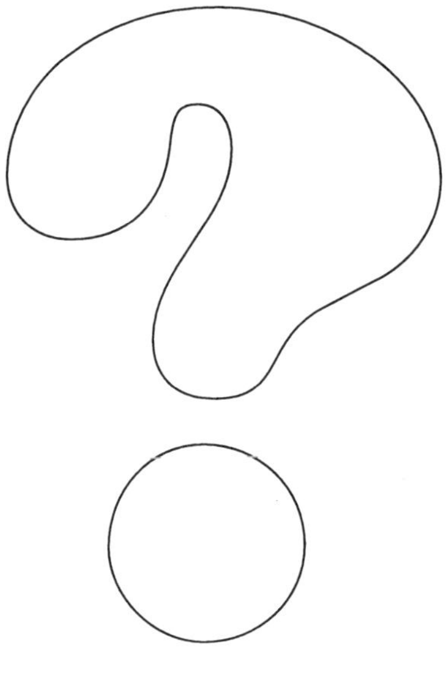

Historische Verfahren - zeitgemäß aufbereitet

Wie Archimedes den Flächeninhalt der Symmetrischen Streitaxt berechnete

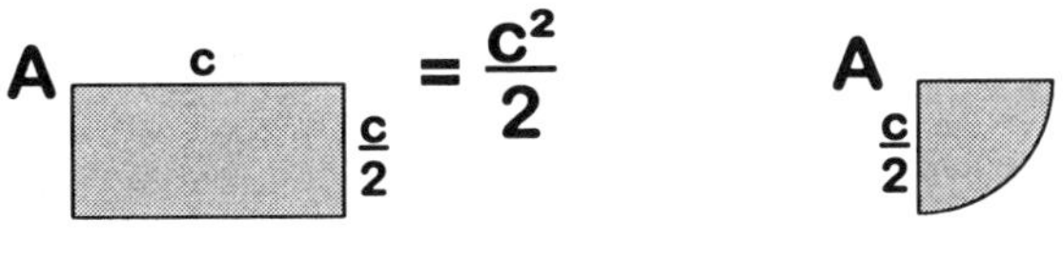

$A = \frac{c^2}{2}$ $\qquad$ $A = \frac{c^2 \cdot \pi}{16}$

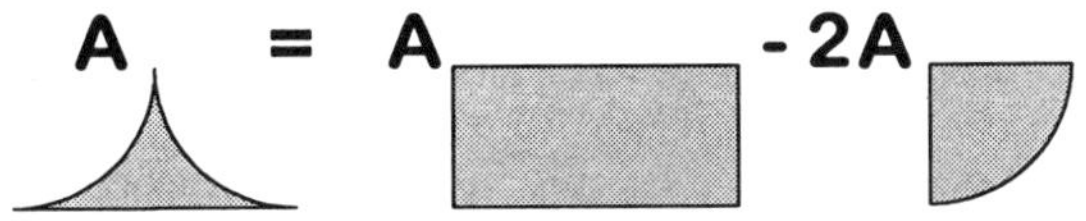

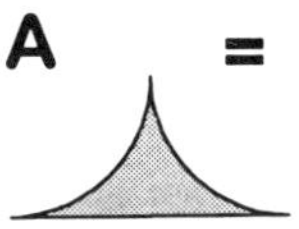

$A = \frac{c^2}{2} - \frac{c^2 \cdot \pi}{8}$

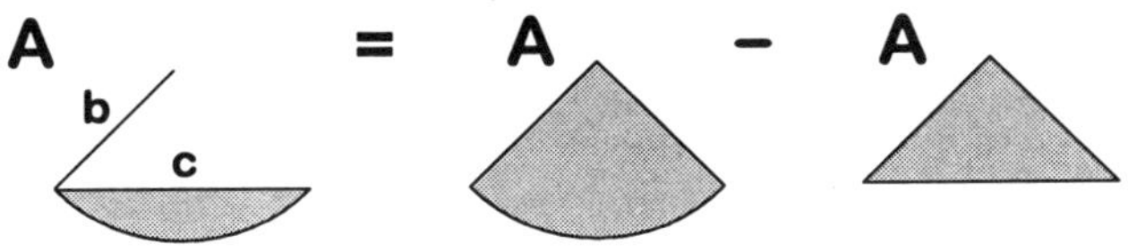

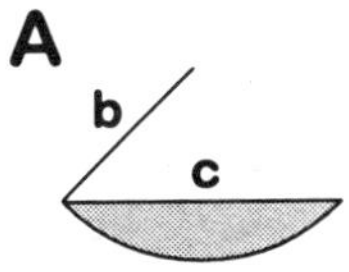

$A = \frac{b^2 \cdot \pi - c^2}{4}$

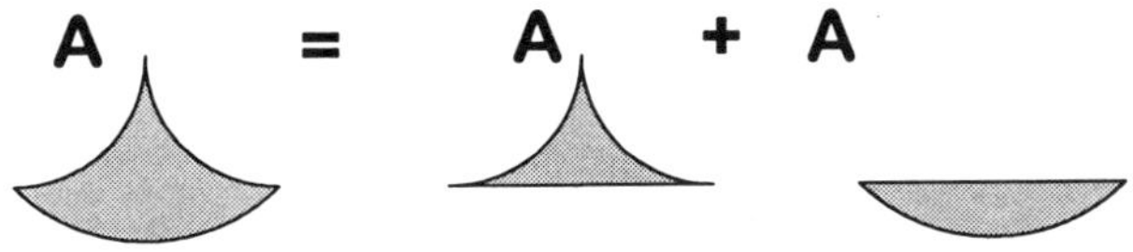

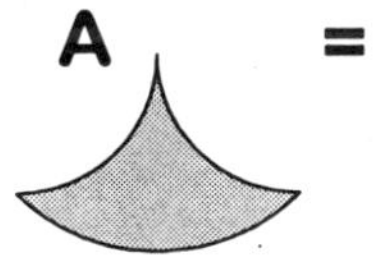

Der Rest ist fast einfach!

$$= \frac{c^2}{2} - \frac{c^2 \cdot \pi}{8} + \frac{b^2 \cdot \pi - c^2}{4}$$

Du bringst alles auf den Hauptnenner 8

$$= \frac{4c^2}{8} - \frac{c^2 \cdot \pi}{8} + \frac{2b^2 \cdot \pi - 2c^2}{8}$$

Du schreibst alles auf einen Bruch

$$= \frac{4c^2 - c^2 \cdot \pi + 2b^2 \cdot \pi - 2c^2}{8}$$

$$= \frac{2c^2 - c^2 \cdot \pi + 2b^2 \cdot \pi}{8}$$

$2b^2$ lässt sich auch schreiben als $a^2 + b^2$, weil $a = b$ ist.

$$= \frac{2c^2 - c^2 \cdot \pi + a^2 \cdot \pi + b^2 \cdot \pi}{8}$$

ausklammern, und weil nach dem Satz des Pythagoras gilt: $c^2 - a^2 - b^2 = 0$

$$= \frac{2c^2 - \pi \cdot (c^2 - a^2 - b^2)}{8}$$

$$= \frac{{}^{1}\not{2}c^2}{\not{8}^{4}}$$

kürzen

$$= \frac{c^2}{4}$$

ist der vierte Teil des Quadrats über c und entspricht damit dem Flächeninhalt des rechtwinkligen Dreiecks.

Prof. Nosenix' Trickkiste

Historische Verfahren - zeitgemäß aufbereitet

Die unsymmetrische Streitaxt des Archimedes

Archimedes bewies, dass auch der Flächeninhalt der unsymmetrischen Streitaxt genau so groß ist wie der Flächeninhalt des rechtwinkligen Dreiecks ABC. Das ist schon etwas schwierig, aber nicht unmöglich zu zeigen.

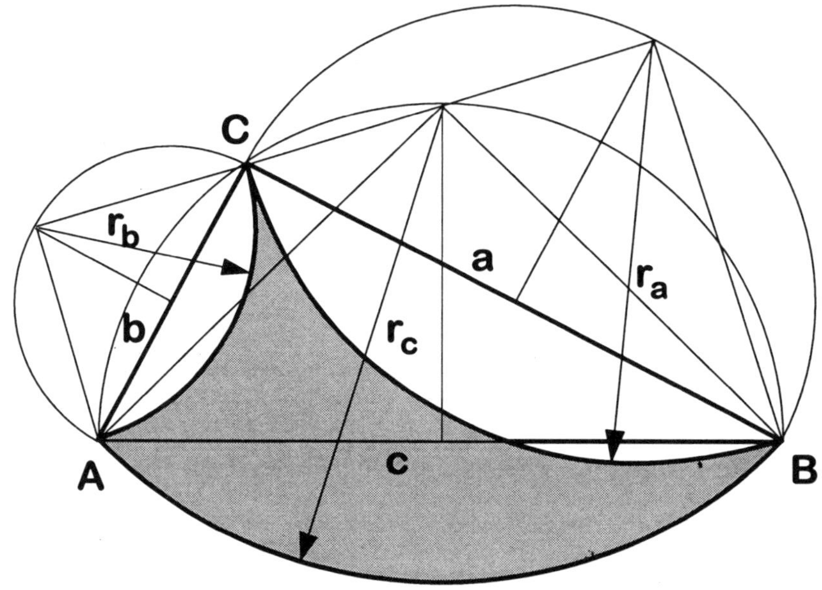

Wie hat er das geschafft?

Nach Satz des Pythagoras gilt:

$b = \sqrt{r_b^2 + r_b^2}$ oder $b = \sqrt{2r_b^2}$ oder $b = r_b\sqrt{2}$, also $r_b = \frac{b}{\sqrt{2}}$

$a = \sqrt{r_a^2 + r_a^2}$ oder $a = \sqrt{2r_a^2}$ oder $a = r_a\sqrt{2}$, also $r_a = \frac{a}{\sqrt{2}}$

$c = \sqrt{r_c^2 + r_c^2}$ oder $c = \sqrt{2r_c^2}$ oder $c = r_c\sqrt{2}$, also $r_c = \frac{c}{\sqrt{2}}$

A 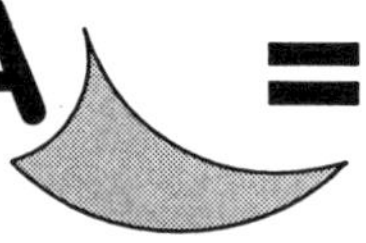 = A 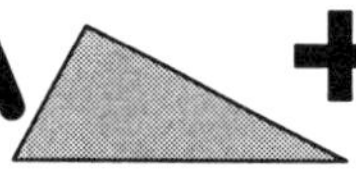 + A  - A  - A 

A 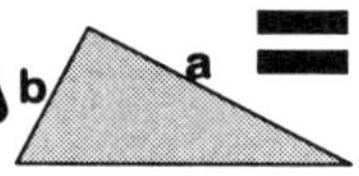 $= \frac{a \cdot b}{2}$

A  $= \frac{r_c^2 \cdot \pi - c^2}{4}$

$= \frac{\frac{c^2}{2} \cdot \pi - c^2}{4}$

$= \frac{c^2 \cdot \pi - 2c^2}{8}$

A 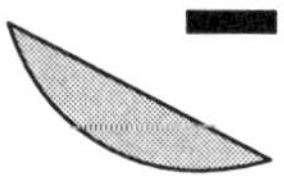 $= \frac{a^2 \cdot \pi - 2a^2}{8}$

A  $= \frac{b^2 \cdot \pi - 2b^2}{8}$

A 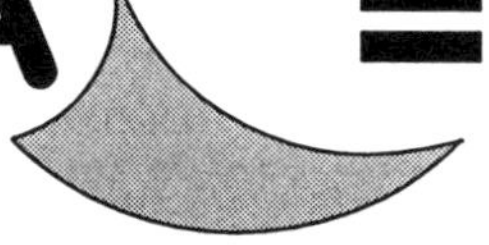 = 

Vereinfache, bis du das gewünschte Ergebnis erhältst.

Historische Verfahren - zeitgemäß aufbereitet

Die unsymmetrische Streitaxt des Archimedes

Archimedes bewies, dass auch der Flächeninhalt der unsymmetrischen Streitaxt genau so groß ist wie der Flächeninhalt des rechtwinkligen Dreiecks ABC. Das ist schon etwas schwierig, aber nicht unmöglich zu zeigen.

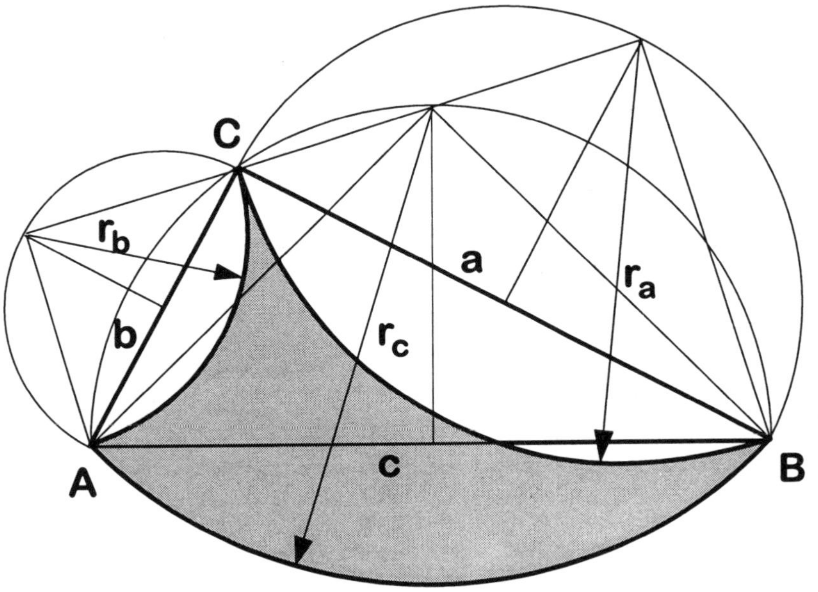

Wie hat er das geschafft?

Nach Satz des Pythagoras gilt:

$b = \sqrt{r_b^2 + r_b^2}$ oder $b = \sqrt{2r_b^2}$ oder $b = r_b\sqrt{2}$, also $r_b = \frac{b}{\sqrt{2}}$

$a = \sqrt{r_a^2 + r_a^2}$ oder $a = \sqrt{2r_a^2}$ oder $a = r_a\sqrt{2}$, also $r_a = \frac{a}{\sqrt{2}}$

$c = \sqrt{r_c^2 + r_c^2}$ oder $c = \sqrt{2r_c^2}$ oder $c = r_c\sqrt{2}$, also $r_c = \frac{c}{\sqrt{2}}$

A 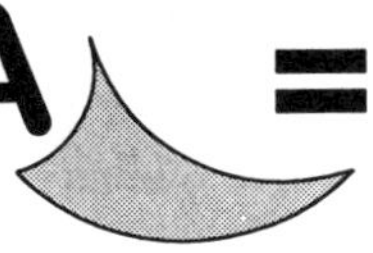 = A 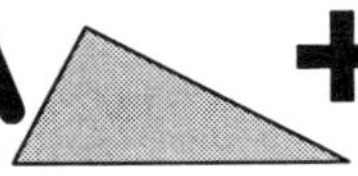 + A  - A  - A 

A 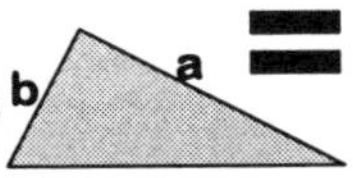

$= \frac{a \cdot b}{2}$

A 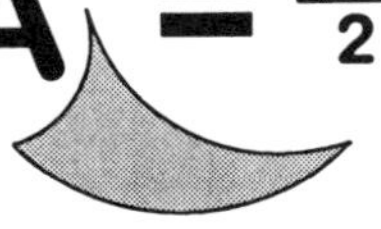 $= \frac{a \cdot b}{2} + \frac{c^2 \cdot \pi - 2c^2}{8} - \frac{a^2 \cdot \pi - 2a^2}{8} - \frac{b^2 \cdot \pi - 2b^2}{8}$

$= \frac{a \cdot b}{2} + c^2 \cdot \frac{\pi - 2}{8} - a^2 \cdot \frac{\pi - 2}{8} - b^2 \cdot \frac{\pi - 2}{8}$

$= \frac{a \cdot b}{2} + \frac{\pi - 2}{8} \cdot \left[c^2 - a^2 - b^2\right]$

weil $a^2 + b^2 = c^2$, ist $c^2 - a^2 - b^2 = 0$

$= \frac{a \cdot b}{2} + \frac{\pi - 2}{8} \cdot 0$

$= \frac{a \cdot b}{2}$

A  $= \frac{r_c^2 \cdot \pi - c^2}{4}$

$= \frac{\frac{c^2}{2} \cdot \pi - c^2}{4}$

$= \frac{c^2 \cdot \pi - 2c^2}{8}$

A  $= \frac{a^2 \cdot \pi - 2a^2}{8}$

A  $= \frac{b^2 \cdot \pi - 2b^2}{8}$

Wie Eratosthenes den Erdumfang bestimmte

Die alten Griechen nahmen bereits an, dass die Erde eine Kugel sei und es gab unterschiedliche Ansichten, ob sich die Sonne um die Erde drehte oder umgekehrt. Eratosthenes von Kyrene (276 - 198 v. Chr.) war ein vielseitiger hellenistischer Gelehrter, der 246 v. Chr. als Vorsteher der Bibliothek nach Alexandria berufen wurde und den Kronprinzen des Ptolemaios unterrichtete.
Er war der erste, der den Umfang und damit auch den Radius der Erde berechnete. Wie hat er das bloß angestellt?

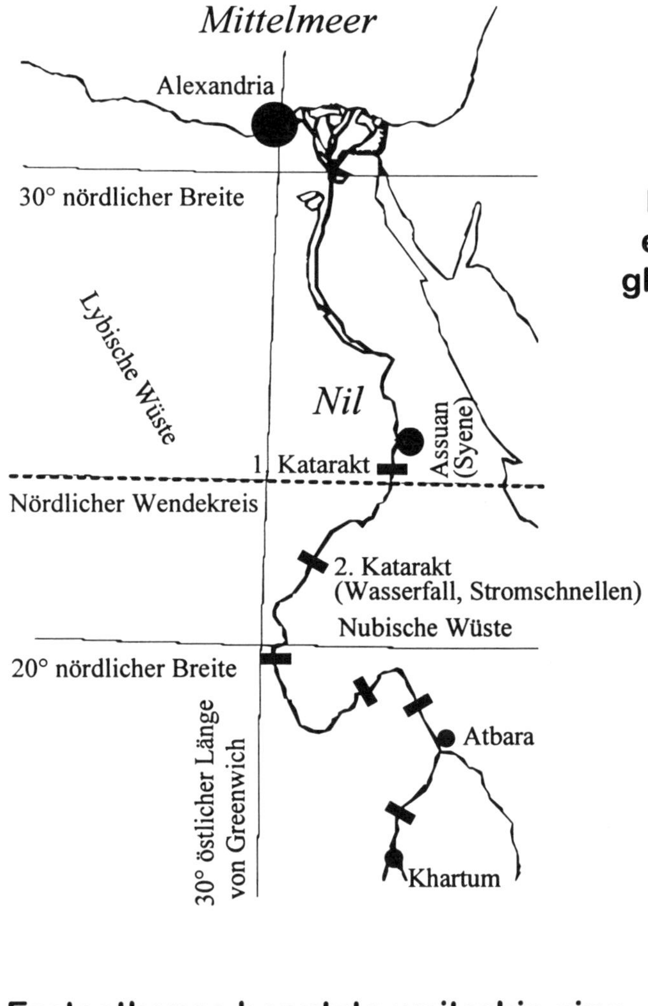

Eratosthenes wusste, dass die Sonne zur Zeit der Sommersonnenwende am Mittag des 22. Juni in der ägyptischen Stadt Syene, dem heutigen Assuan, keinen Schatten warf. Fernerhin nahm er an, dass Alexandria in etwa auf dem gleichen Meridian lag. So ungefähr haut das ja auch hin.

Weiterhin wusste er die Entfernung von Alexandria zum 2. Katarakt und schätzte ab, dass es von Alexandria bis nach Syene ungefähr 5000 Stadien sein musste (1 ägyptische Stadie entspricht etwa 157,5 m). Das sind also 787,5 km. Rechne nach.

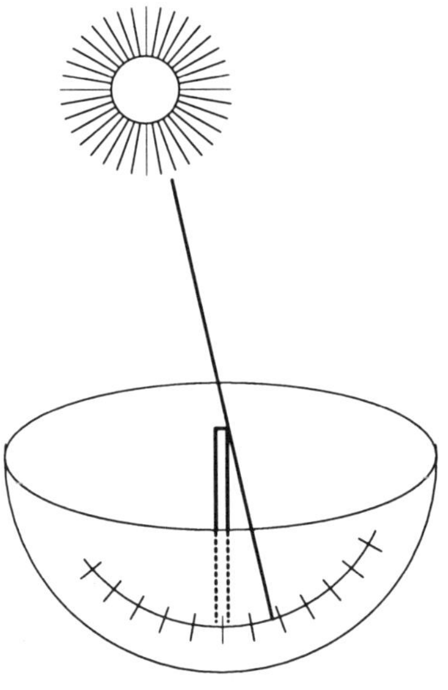

Die Skaphe des Aristarchos von Samos war eine hohle Halbkugel

Eratosthenes benutzte weiterhin eine »Sonnenuhr« - die sogenannte Skaphe -, die Aristarchos von Samos (ca. 310 v. Chr. - 230. v. Chr.) erfunden hatte, um den Sonnenstand zu messen.
Es war »High Noon« am 22. Juni in Alexandria, als Eratosthenes den Schatten maß, den die Sonne in der Skaphe warf.
Der Winkel betrug $2 \cdot \pi / 50$ im Bogenmaß, was einem Winkel von 7,2° entspricht.

Wie Eratosthenes den Erdumfang bestimmte

Damit dir klar wird, wie das Verfahren des Eratosthenes funktioniert, ist die folgende Skizze sehr hilfreich:

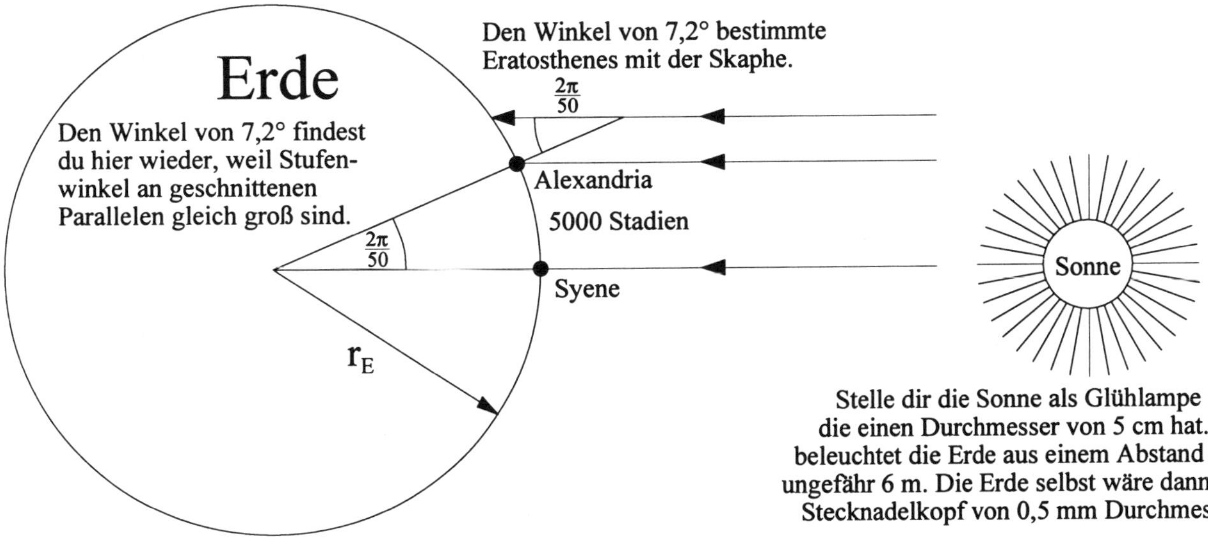

Stelle dir die Sonne als Glühlampe vor, die einen Durchmesser von 5 cm hat. Sie beleuchtet die Erde aus einem Abstand von ungefähr 6 m. Die Erde selbst wäre dann ein Stecknadelkopf von 0,5 mm Durchmesser.

Nun könnte man auf den Gedanken kommen, dass die Sonnenstrahlen nicht parallel auf die Erde treffen. Da ist was dran! Weil aber die Erde von der Sonne ungefähr 150 000 000 000 m entfernt ist und die Größe der Sonne verglichen mit der Erdgröße riesig ist - anders als in der Abbildung dargestellt - , kann man alle Sonnenstrahlen, die auf die Erde treffen, als zueinander parallel ansehen.
Weil ein Vollkreis 360° aufweist und 360° : 7,2° = 50 ist, multiplizierte Eratosthenes die 5000 Stadien mit 50 und erhielt so den Umfang der Erde mit 250 000 Stadien oder 39375 km.
Eratosthenes änderte seinen errechneten Wert auf 252 000 Stadien ab, weil sich diese Zahl gut durch 360 teilen ließ. Damit wurde der Erdumfang auf 39690 km erhöht. Das ist schon ein unheimlich guter Wert, denn der Erdumfang beträgt am Äquator 40076,594 km. Er hatte sich lediglich um lausige 386 km vertan.
Da sich der Umfang eines Kreises mit 2 · r · π errechnet, bestimmte Eratosthenes gleich den Erdradius r_E:

$$u = 2 \cdot r_E \cdot \pi$$

$$r_E = \frac{u}{2 \cdot \pi}$$

$$r_E = \frac{39690}{2 \cdot \pi}$$

$$r_E = 6316{,}8597 \text{ km}$$

Das ist nur 40 km kürzer als der wirkliche Radius. Diese Messungen des Eratosthenes zeigten den Griechen der damaligen Zeit, wie groß die Erde war und wie verschwindend klein der Teil der Erde war, den sie bewohnten und kannten.

Prof. Nosenix' Trickkiste

Historische Verfahren - zeitgemäß aufbereitet

Wie Eratosthenes den Erdumfang bestimmte

Hier sind ein paar Aufgaben für dich, die mit dem Umfang von Kreisen zu tun haben. Halte deinen Taschenrechner bereit.

Der Durchmesser des Äquatorkreises beträgt 12756,8 km. Wie lang ist der Äquator?

Zwei Orte sind auf dem Äquator 15° voneinander entfernt. Wie groß ist die Entfernung in km?

Ein Satellit bewegt sich auf einer Kreisbahn um die Erde. Seine Geschwindigkeit beträgt 8 km/s. Für einen Erdumlauf braucht er 1 h 28 min. In welcher Höhe fliegt der Satellit (Erdradius r = 6378,4 km)?

Die Mondbahn um die Erde kann näherungsweise mit einem Kreis verglichen werden, der einen Radius von 384 000 km hat. Wie groß ist der Umfang dieses Kreises?

Die Sonne ist etwa 150 000 000 km von der Erde entfernt und erscheint von der Erde aus unter einem Winkel von 0,53°. Berechne annähernd den Sonnendurchmesser in km.

Die Erde durchläuft während eines Jahres angenähert eine Kreisbahn um die Sonne, deren Radius ungefähr 150 000 000 km beträgt. Das Jahr hat 365 Tage. Mit welcher Durchschnittsgeschwindigkeit (km/s) bewegt sich die Erde auf ihrer Bahn?

Denk dir längs des Äquators ein Seil gespannt. Seine Länge muss 40076,594 km betragen. Verlängert man dieses extrem lange Seil um einen Meter, so entsteht ein sogenannter »Schlupf«, durch den man hindurchschlüpfen könnte. Ist dieser Schlupf groß genug, damit ein Hamster unter dieses Seil hindurchkrabbeln kann?

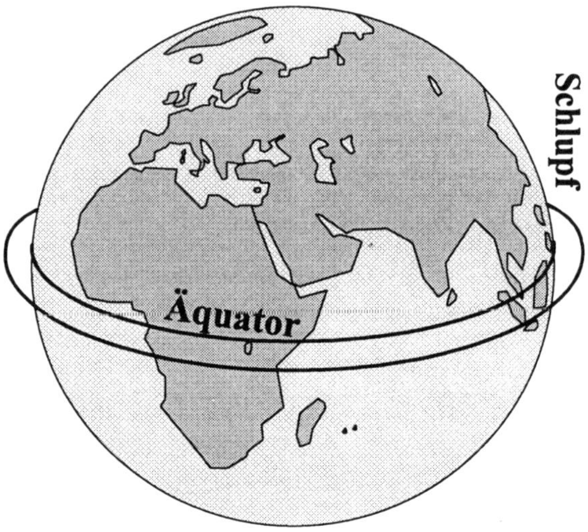

Wie Eratosthenes den Erdumfang bestimmte

Hier sind ein paar Aufgaben für dich, die mit dem Umfang von Kreisen zu tun haben. Halte deinen Taschenrechner bereit.

Die Länge des Äquators beträgt 40 076,6 km.

$12756{,}8 \cdot \pi = 40076{,}6$

$\frac{40076{,}6 \cdot 15°}{360°} = 1669{,}858333$

Die Entfernung dieser zwei Orte beträgt 1 669,9 km.

Der Satellit fliegt in einer Höhe von 344,3 km.

$60 \cdot 8 \cdot 88 : 2 : \pi - 6378{,}4 = 344{,}3047962$

$384000 \cdot 2 \cdot \pi = 2412743{,}158$

Die Mondbahn hat eine Länge von 2 412 743 km.

Der Sonnendurchmesser beträgt ungefähr 1 387 536 km.

$(150000000 \cdot 2 \cdot \pi) : 360° \cdot 0{,}53° =$
$1387536{,}755$

$150000000 \cdot 2 \cdot \pi : 365 : 24 : 60 : 60 =$
$29{,}88577486$

Die Erde bewegt sich auf ihrer Bahn um die Sonne mit einer Durchschnittsgeschwindigkeit von 29,9 km/s.

$r_A - r_E = \text{Schlupf}$

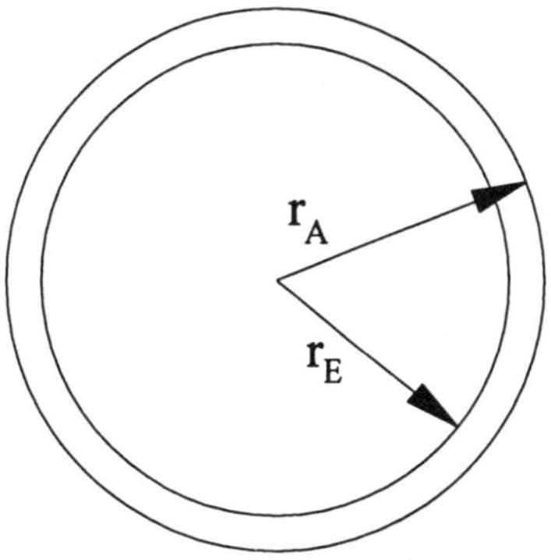

$40076595 : 2 : \pi - 40076594 : 2 : \pi =$
$0{,}159154943$

Der Schlupf beträgt ungefähr 15,9 cm und ist für einen Hamster gut passierbar. Übrigens ist der Schlupf für jede Kugel, sei es ein Tennisball, eine Murmel oder ein großer Hüpfball, immer ungefähr 15,9 cm.

Historische Verfahren - zeitgemäß aufbereitet

Wie Thales die Höhe von Pyramiden bestimmte

Thales von Milet (ca. 624 - 547 v. Chr.) war aristokratischer Herkunft und erwarb sich auf seinen Reisen nach Babylonien und Ägypten mathematische Kenntnisse und Methoden. Sein Interesse galt besonders geometrischen Problemen. So weiß man aus Berichten, dass er die Höhe ägyptischer Pyramiden durch einfache Messung bestimmen konnte. Er brauchte nur einen Stab und ein wenig Sonne, die es aber in Ägyten ziemlich reichlich gibt. Wie machte er das?

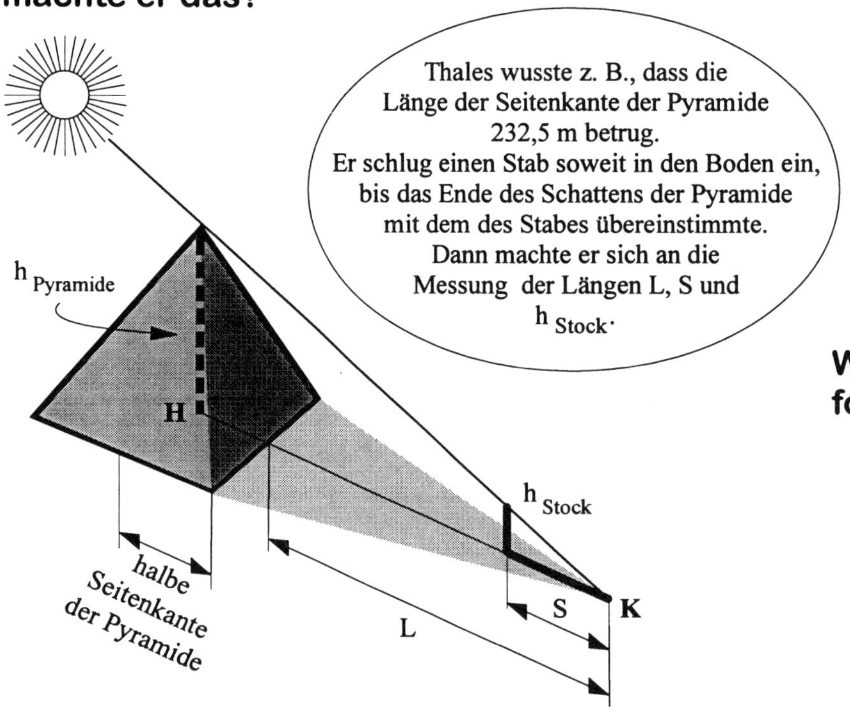

Wir rechnen einmal mit folgenden Messungen:

h_{Stock} = 1,20 m

L = 175 m

S = 2,39 m

Zunächst berechnete Thales die Entfernung von H nach K:
116,25 m + 175 m = 291,25 m.
Weiterhin dachte er sich, dass das Verhältnis der Höhe der Pyramide zur Länge 291,25 m dasselbe sein musste wie die Höhe des Stockes zur Länge des Schattens S = 2,39 m.

$$\frac{h_{Pyramide}}{291{,}25} = \frac{1{,}20}{2{,}39}$$

Damit war das Ausrechnen der Pyramidenhöhe eine Klacksache:

$$h_{Pyramide} = \frac{1{,}20 \cdot 291{,}25}{2{,}39}$$

$$h_{Pyramide} = 146{,}2$$

Die Höhe der Pyramide betrug demnach 146,2 m. Du bist jetzt in der Lage, die Höhe der folgenden Pyramiden zu bestimmen, wenn dir diese Angaben vorliegen:

Seitenkante Pyramide	70 m	120 m	123,8 m	198 m	268 m
h_{Stock}	0,64 m	0,75 m	1,04 m	1,52 m	2,14 m
L	57 m	83 m	102 m	117 m	99 m
S	1,4 m	2,4 m	1,9 m	2,2 m	3,52 m
$h_{Pyramide}$					

Historische Verfahren - zeitgemäß aufbereitet

Wie Thales die Höhe von Pyramiden bestimmte

Thales von Milet (ca. 624 - 547 v. Chr.) war aristokratischer Herkunft und erwarb sich auf seinen Reisen nach Babylonien und Ägypten mathematische Kenntnisse und Methoden. Sein Interesse galt besonders geometrischen Problemen. So weiß man aus Berichten, dass er die Höhe ägyptischer Pyramiden durch einfache Messung bestimmen konnte. Er brauchte nur einen Stab und ein wenig Sonne, die es aber in Ägyten ziemlich reichlich gibt. Wie machte er das?

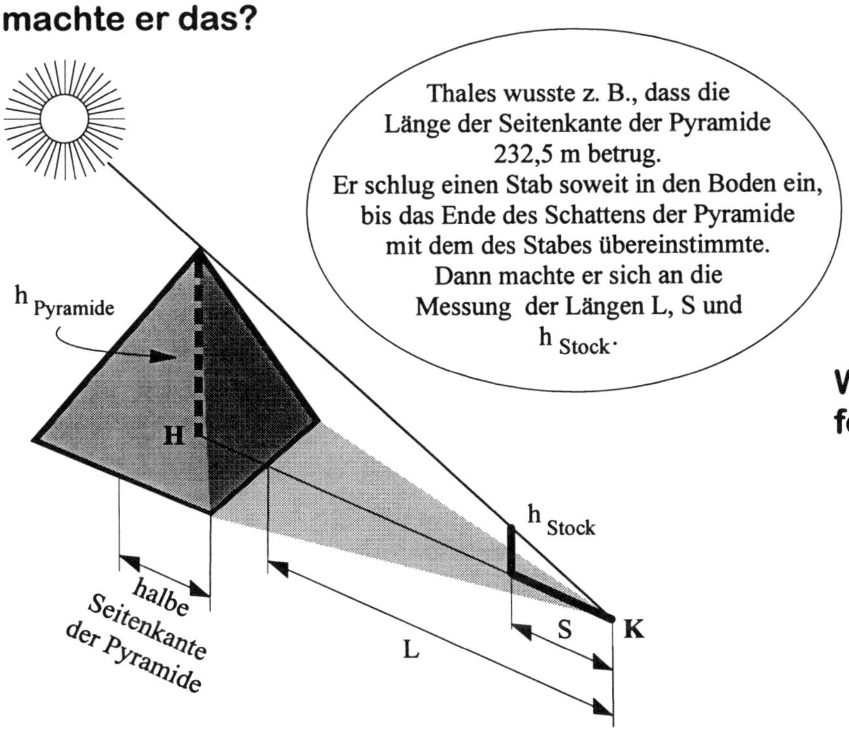

Wir rechnen einmal mit folgenden Messungen:

h_{Stock} = 1,20 m

L = 175 m

S = 2,39 m

Zunächst berechnete Thales die Entfernung von H nach K:
116,25 m + 175 m = 291,25 m.
Weiterhin dachte er sich, dass das Verhältnis der Höhe der Pyramide zur Länge 291,25 m dasselbe sein musste wie die Höhe des Stockes zur Länge des Schattens S = 2,39 m.

$$\frac{h_{Pyramide}}{291{,}25} = \frac{1{,}20}{2{,}39}$$

Damit war das Ausrechnen der Pyramidenhöhe eine Klacksache:

$$h_{Pyramide} = \frac{1{,}20 \cdot 291{,}25}{2{,}39}$$

$$h_{Pyramide} = 146{,}2$$

Die Höhe der Pyramide betrug demnach 146,2 m. Du bist jetzt in der Lage, die Höhe der folgenden Pyramiden zu bestimmen, wenn dir diese Angaben vorliegen:

Seitenkante Pyramide	70 m	120 m	123,8 m	198 m	268 m
h_{Stock}	0,64 m	0,75 m	1,04 m	1,52 m	2,14 m
L	57 m	83 m	102 m	117 m	99 m
S	1,4 m	2,4 m	1,9 m	2,2 m	3,52 m
$h_{Pyramide}$	42,06 m	44,7 m	89,7 m	149,2 m	141,7 m

Warum Archimedes von der Uni flog

Archimedes wurde 287 v. Chr. als Sohn des Astronomen Pheidios in Syrakus geboren und beschäftigte sich bereits frühzeitig mit wissenschaftlichen Problemen. Eratosthenes, der als Bibliothekar und Rektor die Nachfolge Euklids an der Universität Alexandrias angetreten hatte, lud Archimedes ein, um ihn zu einem Mitglied der Universität zu machen.
Nun hatte Archimedes einen schrecklichen Drang zur praktischen Anwendung der Mathematik. So erfand er kurz nach seiner Ankunft in Ägypten eine Wasserschraube, mit der man Wasser aus dem Nil pumpen konnte. Sie ist heute noch in einigen Gegenden in Gebrauch.
Als er eines Tages den Mathematikern der Uni einen Vortrag ankündigte mit dem Titel »Über die Volumina runder Körper«, da waren seine Zuhörer gespannt wie ein Flitzebogen, weil es sich um ein Problem handelte, mit denen sich viele beschäftigt hatten, aber noch nicht zu einer Lösung gekommen waren.
Archimedes legte zunächst einmal drei Kegel, eine Halbkugel und einen Zylinder auf den Tisch. Alle Körper waren gleich hoch, wiesen den gleichen Radius auf und waren aus demselben Holz gemacht.

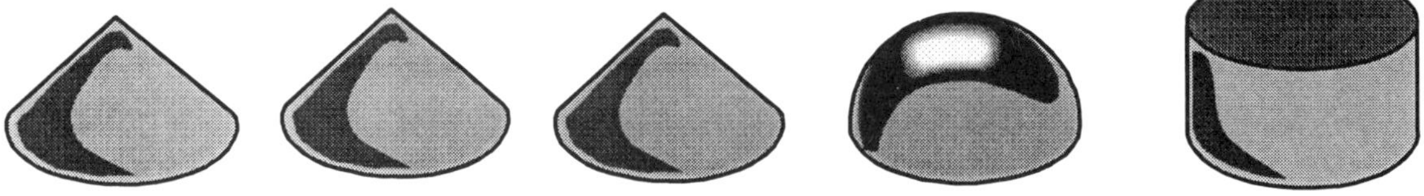

Dann stellte er eine Waage auf den Tisch, legte auf die linke Waagschale die drei Kegel und auf die rechte Waagschale den Zylinder. Die Waage blieb im Gleichgewicht.

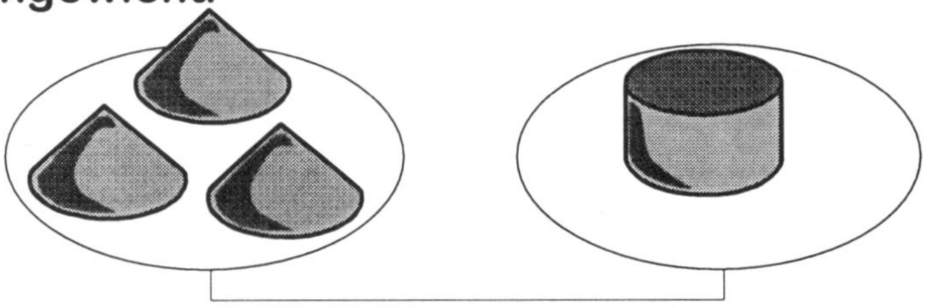

Dann tauschte er zwei Kegel auf der linken Seite gegen die Halbkugel aus. Wiederum blieb die Waage im Gleichgewicht.

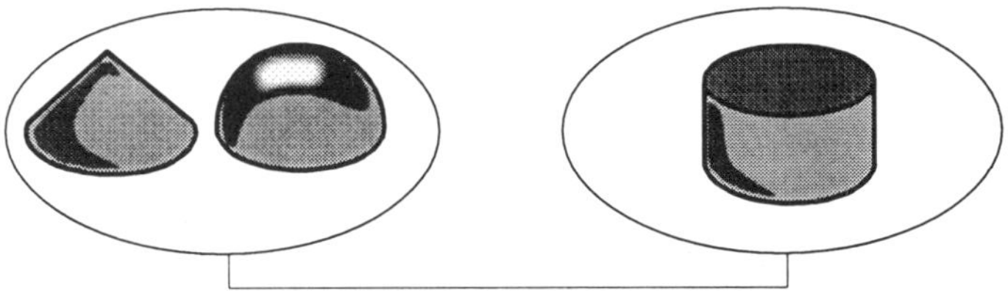

Schließlich verglich er noch zwei seiner Kegel mit der Halbkugel und wie nicht anders zu erwarten war, hielten sich beide Seiten die Waage.

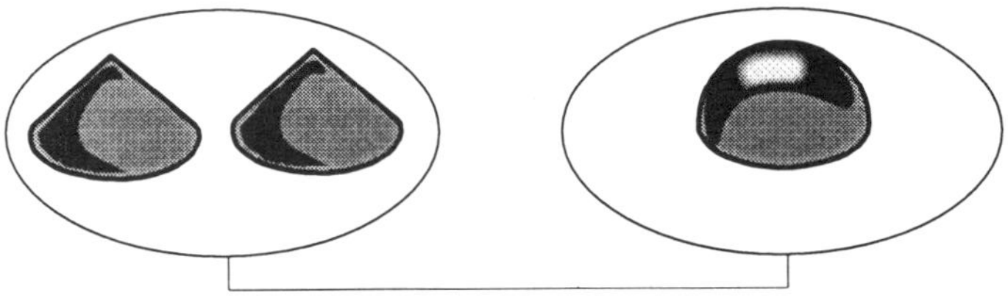

Warum Archimedes von der Uni flog

Damit hatte er experimentell gezeigt, dass sich die Volumina von Kegel, Halbkugel und Zylinder wie 1 : 2 : 3 verhielten.
Wer jetzt allerdings erwartet hat, dass die Mathematikerkollegen begeistert geklatscht und gejubelt hätten, den muss ich enttäuschen. Eisige Stille herrschte, bis sich der 14jährige Apollonius von Perge (ca. 262 - 190 v. Chr.) erhob. Er war in Alexandria Schüler des Euklid. Schon früh hatte er sich mit den Kegelschnitten befasst, die Kurven beschrieben und ihnen Namen gegeben: Ellipse, Parabel und Hyperbel.

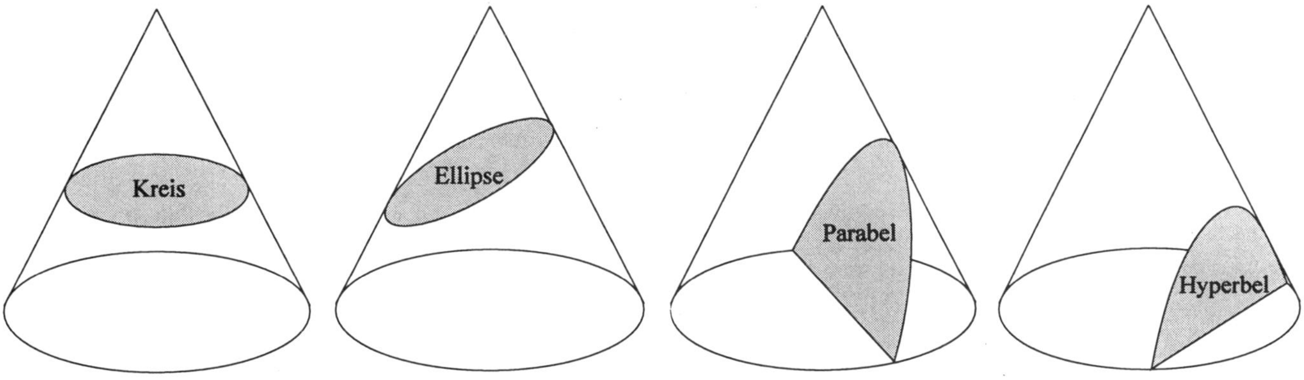

Er sagte sinngemäß dieses: »Mit aus Holz gedrechselten Körpern ist der reine Geist der Mathematik, der nur auf Logik beruht, beschmutzt worden. Ich beantrage, dass Archimedes der Universität verwiesen wird.«
Archimedes verließ bald darauf die Uni und kehrte in seine Heimatstadt Syrakus zurück, wo er später mittels der Ausschöpfungsmethode bewies, dass das Volumen einer Kugel zwei Drittel des Volumens des umschriebenen Zylinders beträgt.

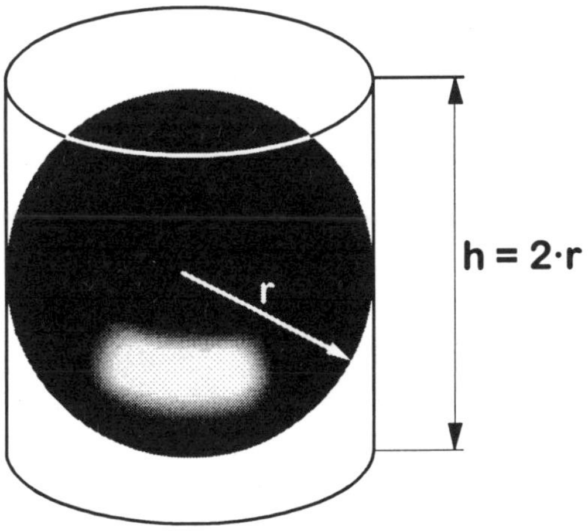

$$V_{Zylinder} = r^2 \cdot \pi \cdot h$$

oder

$$V_{Zylinder} = r^2 \cdot \pi \cdot 2 \cdot r$$

für seinen speziellen Zylinder

$$V_{Zylinder} = 2 \cdot r^3 \cdot \pi$$

$$V_{Kugel} = \frac{4 \cdot r^3 \cdot \pi}{3}$$

$$V_{Kegel} = \frac{r^2 \cdot \pi \cdot h}{3}$$

Die Entwicklung dieser Formeln betrachtete Archimedes als seine größte Leistung. Er war so stolz darauf, dass behauptet wird, er wollte die Darstellung dieser geometrischen Beziehung auf seinen Grabstein eingemeißelt haben.

Warum Archimedes von der Uni flog

$$V_{Zylinder} = r^2 \cdot \pi \cdot h \qquad V_{Kugel} = \frac{4 \cdot r^3 \cdot \pi}{3} \qquad V_{Kegel} = \frac{r^2 \cdot \pi \cdot h}{3}$$

Die obigen Formeln helfen dir bei der Lösung der Aufgaben.

Die Drillinge Dell, Doll und Dull genehmigen sich im Saloon »Zum dirty Meineid« oftmals einen Whiskey aus unterschiedlich geformten Gläsern, die alle einen Durchmesser von 6 cm haben und 3 cm hoch sind. In welchem Verhältnis muss der Barkeeper Simple Simon die Preise berechnen?

Wenn Chefkoch Peter Silie eine kräftige Fleischbrühe für seine weltbekannte Suppe »Golden Delicious« aus Rindfleisch kocht, dann packt er an Zutaten vieles hinein, was anschließend wieder durch ein Spitzsieb passiert werden muss. Das Sieb hat einen Durchmesser von 22 cm hat und ist 28 cm hoch.
Wie viel Liter Brühe passen in ein solches Sieb?

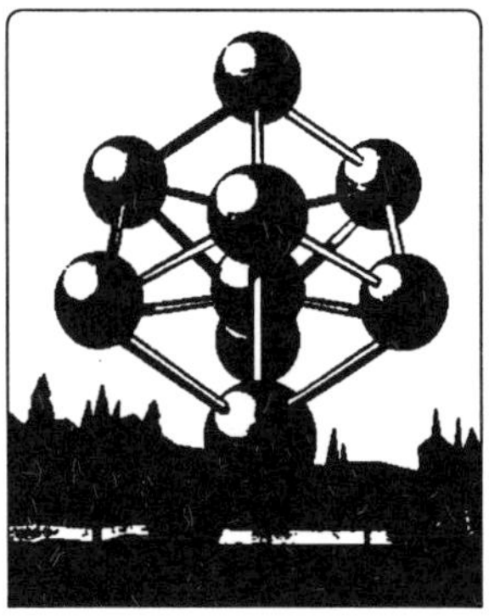

Das Atomium in Brüssel besteht aus neun »sogenannten« Sphären, die einen Durchmesser von 18 m haben.
Berechne das Volumen dieser neun Spären.

Bodo hat mit seinem Bagger einen kegelförmigen Sandhaufen mit 6 m Durchmesser und 3,20 m Höhe aufgeschüttet. Wie oft muss sein Freund Manni Elkawe mit seinem 5-Tonner fahren, um den Haufen abzutransportieren. Spezifisches Gewicht der Erde 2,1 t/m³.

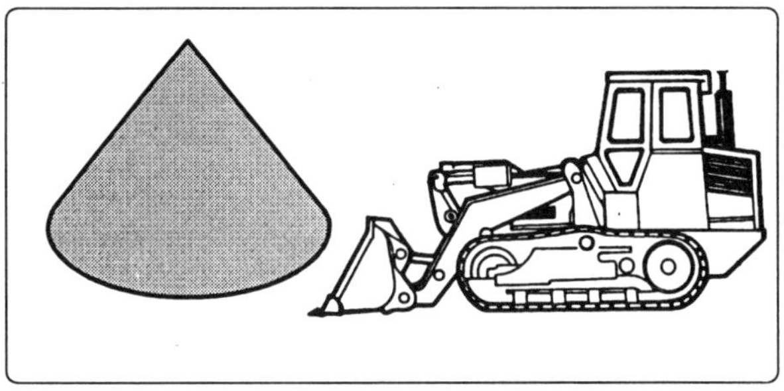

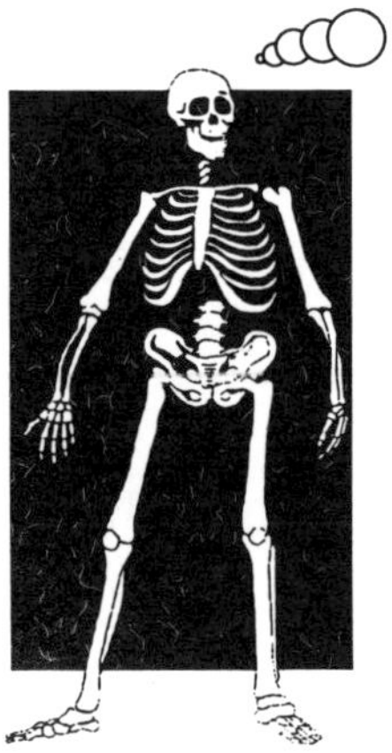

Rauchen schadet der Gesundheit

Die Lunge eines erwachsenen Menschen hat etwa 75 Millionen halbkugelförmige Lungenbläschen von 1 mm Durchmesser. Auf der Oberfläche dieser Bläschen vollzieht sich der Gasaustausch Sauerstoff - Kohlendioxid.
Berechne einmal das Volumen all dieser Bläschen.
Die Oberfläche einer Kugel berechnet sich nach der Formel $O = 4 \cdot r^2 \cdot \pi$.
Wie groß ist die Gesamtoberfläche aller Lungenbläschen?

Historische Verfahren - zeitgemäß aufbereitet

Warum Archimedes von der Uni flog

$V_{Zylinder} = r^2 \cdot \pi \cdot h$ $V_{Kugel} = \frac{4 \cdot r^3 \cdot \pi}{3}$ $V_{Kegel} = \frac{r^2 \cdot \pi \cdot h}{3}$

Die obigen Formeln helfen dir bei der Lösung der Aufgaben.

Dells Glas fasst 84,8 cm³ $3^2 \cdot \pi \cdot 3 = 84{,}82300165$

Dolls Glas fasst 28,3 cm³ $(3^2 \cdot \pi \cdot 3) : 3 = 28{,}27433388$

Dulls Glas fasst 56,5 cm³ $2 \cdot (3^2 \cdot \pi \cdot 3) : 3 = 56{,}54866776$

Dell muss dreimal so viel zahlen wie sein Drillingsbruder Doll, Dull bezahlt das Doppelte von dem, was Doll zahlt.

$$\frac{11^2 \cdot \pi \cdot 22}{3} = 2787{,}639881$$

Das Sieb fasst ungefähr 2,8 Liter Brühe.

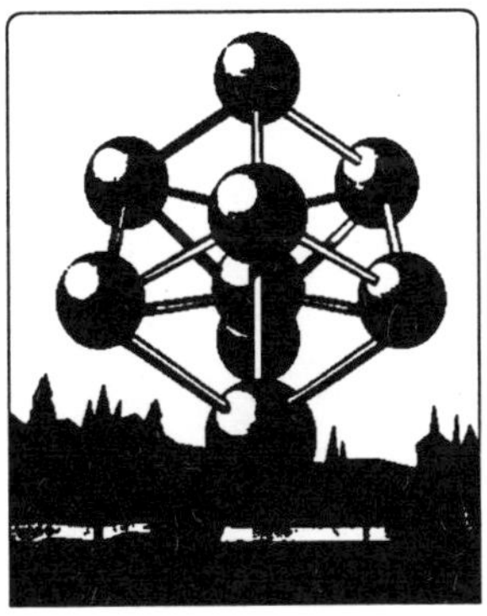

$$\frac{4 \cdot 9^3 \cdot \pi}{3} \cdot 9 = 27482{,}65253$$

Die Sphären haben zusammen ein Volumen von 27482,7 m³.

$$\frac{3^2 \cdot \pi \cdot 3{,}20}{3} \cdot 2{,}1 = 63{,}3345079$$

Der Sand wiegt rund 63 t.
Manni Elkawe muss 13mal fahren.

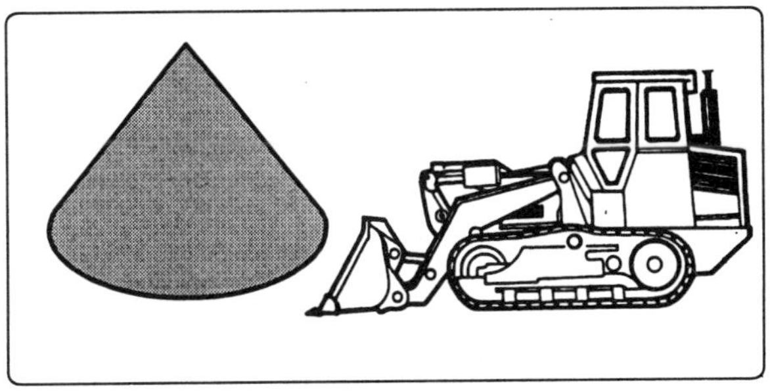

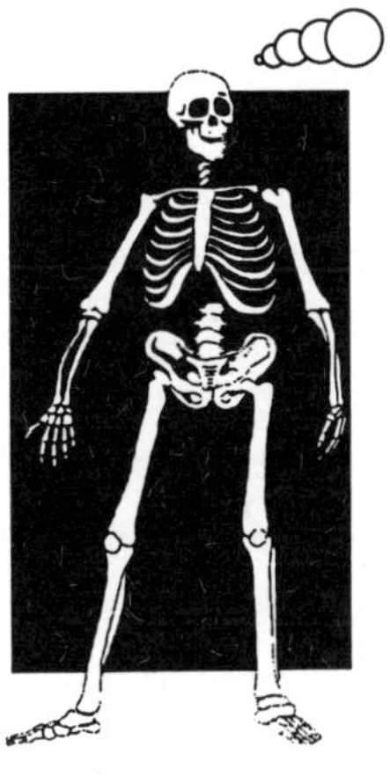

Rauchen schadet der Gesundheit

$$\frac{75\,000\,000 \cdot 2 \cdot 0{,}5^3 \cdot \pi}{3} = 19634954{,}08$$

$$75\,000\,000 \cdot 2 \cdot 0{,}5^2 \cdot \pi = 117809724{,}5$$

Das Volumen aller Bläschen beträgt 19,6 dm³, die Oberfläche 117,8 m².

Wie Vieta quadratische Gleichungen löste

Der französische Mathematiker Viète (1540 - 1603), der auch Vieta genannt wurde, führte als erster den Begriff des Buchstabenkoeffizienten ein. Damit ist er der »Hauptschuldige« für das Rechnen mit Buchstaben zur Bezeichnung vorhandener oder gesuchter Zahlen. Vieta war aber nicht nur Mathematiker, sondern auch Rechtsberater zweier französischer Könige.

Wenn er quadratische Gleichungen löste, dann probierte er zunächst einmal etwas aus. Aber was? Nimm einmal

$$x^2 + 10x + 16 = 0$$

Er suchte nach zwei Zahlen x_1 und x_2, die miteinander multipliziert 16 ergaben, wenn er sie jedoch addierte, musste die Summe - 10 ergeben.
Zunächst versuchte er es mit - 1 und - 16. Weil aber (- 1) + (- 16) nicht - 10 ergab, nahm er als nächstes - 2 und - 8. Und siehe da, es klappte :
$(-2) \cdot (-8) = +16$ und $(-2) + (-8) = -10$.
Warum das so ist?
Man kann aus

$$x^2 + 10x + 16 = 0$$

$(x + 2) \cdot (x + 8)$ machen und diesem Produkt sieht man die Lösung sofort an.
Ein Produkt ist nämlich Null, wenn einer der Faktoren Null ist.
$(x + 2)$ ist der 1. Faktor und er wird Null, wenn $x = -2$ wird,
$(x + 8)$ ist der 2. Faktor und er wird Null, wenn $x = -8$ wird.

Jetzt bist du an der Reihe. Bestimme einmal wie Vieta die Lösungen der folgenden quadratischen Gleichungen:

$x^2 + 7x + 12 = 0$	$(x \quad) \cdot (x \quad) = 0$	$x_1 =$	$x_2 =$
$x^2 - 5x - 24 = 0$	$(x \quad) \cdot (x \quad) = 0$	$x_1 =$	$x_2 =$
$x^2 - 2x - 35 = 0$	$(x \quad) \cdot (x \quad) = 0$	$x_1 =$	$x_2 =$
$x^2 - 7x + 10 = 0$	$(x \quad) \cdot (x \quad) = 0$	$x_1 =$	$x_2 =$
$x^2 - 21x + 20 = 0$	$(x \quad) \cdot (x \quad) = 0$	$x_1 =$	$x_2 =$
$x^2 + 2x - 80 = 0$	$(x \quad) \cdot (x \quad) = 0$	$x_1 =$	$x_2 =$
$x^2 + 4x + 3 = 0$	$(x \quad) \cdot (x \quad) = 0$	$x_1 =$	$x_2 =$
$x^2 - 22x + 72 = 0$	$(x \quad) \cdot (x \quad) = 0$	$x_1 =$	$x_2 =$
$x^2 - 6x - 27 = 0$	$(x \quad) \cdot (x \quad) = 0$	$x_1 =$	$x_2 =$
$x^2 + 11x + 30 = 0$	$(x \quad) \cdot (x \quad) = 0$	$x_1 =$	$x_2 =$
$x^2 - x - 12 = 0$	$(x \quad) \cdot (x \quad) = 0$	$x_1 =$	$x_2 =$

Wie Vieta quadratische Gleichungen löste

$x^2 + 7x + 12 = 0$	$(x + 3) \cdot (x + 4) = 0$	$x_1 = -3$	$x_2 = -4$
$x^2 - 5x - 24 = 0$	$(x + 3) \cdot (x - 8) = 0$	$x_1 = -3$	$x_2 = 8$
$x^2 - 2x - 35 = 0$	$(x + 5) \cdot (x - 7) = 0$	$x_1 = -5$	$x_2 = 7$
$x^2 - 7x + 10 = 0$	$(x - 2) \cdot (x - 5) = 0$	$x_1 = 2$	$x_2 = 5$
$x^2 - 21x + 20 = 0$	$(x - 1) \cdot (x - 20) = 0$	$x_1 = 1$	$x_2 = 20$
$x^2 + 2x - 80 = 0$	$(x - 8) \cdot (x + 10) = 0$	$x_1 = 8$	$x_2 = -10$
$x^2 + 4x + 3 = 0$	$(x + 1) \cdot (x + 3) = 0$	$x_1 = -1$	$x_2 = -3$
$x^2 - 22x + 72 = 0$	$(x - 4) \cdot (x - 18) = 0$	$x_1 = 4$	$x_2 = 18$
$x^2 - 6x - 27 = 0$	$(x + 3) \cdot (x - 9) = 0$	$x_1 = -3$	$x_2 = 9$
$x^2 + 11x + 30 = 0$	$(x + 5) \cdot (x + 6) = 0$	$x_1 = -5$	$x_2 = -6$
$x^2 - x - 12 = 0$	$(x + 3) \cdot (x - 4) = 0$	$x_1 = -3$	$x_2 = 4$

Historische Verfahren - zeitgemäß aufbereitet

Wie Euler gemischt-quadratische Gleichungen löste

Leonhard Euler (1707 - 1783) studierte in Basel Theologie, bevor er seine Liebe zur Mathematik und Physik entdeckte. Er ging die gemischt-quadratischen Gleichungen so an, dass er sie zunächst alle auf diese Form brachte:

$$x^2 + px + q = 0$$

Wie er das machte? Nun ganz einfach. Nimm einmal die folgende Aufgabe:

$$x(9x - 6) + 3 = 2$$

Du löst die Klammer auf: $9x^2 - 6x + 3 = 2$

Du subtrahierst auf beiden Seiten der Gleichung 2:

$$9x^2 - 6x + 1 = 0$$

Du dividierst die Gleichung durch 9:

$$x^2 - \frac{2}{3}x + \frac{1}{9} = 0$$

Das Ziel ist erreicht, rechts von der Gleichung steht die Null, das x^2 hat die gewünschte Beizahl 1, die man weglassen darf, vor dem x steht die Beizahl $p = -\frac{2}{3}$ und $q = \frac{1}{9}$. Mehr wollen wir im Augenblick nicht.

Du kannst jetzt versuchen, bei den folgenden gemischt-quadratischen Gleichungen zu bestimmen, wie groß p und q sind.

a)	$x^2 - 12x - 108 = 0$	p =	q =
b)	$x^2 + 17x = 18$	p =	q =
c)	$2x^2 + 0{,}76x - 0{,}12 = 0$	p =	q =
d)	$0{,}6x^2 - 12x = -57{,}6$	p =	q =
e)	$x \cdot (x + 3) = -2$	p =	q =
f)	$-5x^2 + 10x = -120$	p =	q =
g)	$x \cdot (x + 5) = 10x - 4$	p =	q =
h)	$(x + 3) \cdot (x + 4) = 6 \cdot (x + 9)$	p =	q =
i)	$x^2 - \frac{1}{6}x = 35$	p =	q =
j)	$x^2 + 1\frac{3}{4}x = 117\frac{1}{2}$	p =	q =
k)	$9x^2 - 15x - 27\frac{7}{9} = 0$	p =	q =
l)	$3x \cdot (1 + x) - (x + 5) = 0$	p =	q =
m)	$x \cdot (4x + 5) + 6 \cdot (1 + x) = 0$	p =	q =
n)	$(x - 1) \cdot (x + 2) + 4 \cdot (x + 2) = 2$	p =	q =
o)	$(3x - 2) \cdot (x - 2) = 3 + 4 \cdot (x - 2)$	p =	q =

Historische Verfahren - zeitgemäß aufbereitet

Wie Euler gemischt-quadratische Gleichungen löste

Leonhard Euler (1707 - 1783) studierte in Basel Theologie, bevor er seine Liebe zur Mathematik und Physik entdeckte. Er ging die gemischt-quadratischen Gleichungen so an, dass er sie zunächst alle auf diese Form brachte:

$$x^2 + px + q = 0$$

Wie er das machte? Nun ganz einfach. Nimm einmal die folgende Aufgabe:

$$x(9x - 6) + 3 = 2$$

Du löst die Klammer auf: $9x^2 - 6x + 3 = 2$

Du subtrahierst auf beiden Seiten der Gleichung 2:

$$9x^2 - 6x + 1 = 0$$

Du dividierst die Gleichung durch 9:

$$x^2 - \frac{2}{3}x + \frac{1}{9} = 0$$

Das Ziel ist erreicht, rechts von der Gleichung steht die Null, das x^2 hat die gewünschte Beizahl 1, die man weglassen darf, vor dem x steht die Beizahl $p = -\frac{2}{3}$ und $q = \frac{1}{9}$. Mehr wollen wir im Augenblick nicht.

Du kannst jetzt versuchen, bei den folgenden gemischt-quadratischen Gleichungen zu bestimmen, wie groß p und q sind.

a)	$x^2 - 12x - 108 = 0$	$p = -12$	$q = -108$
b)	$x^2 + 17x = 18$	$p = 17$	$q = -18$
c)	$2x^2 + 0{,}76x - 0{,}12 = 0$	$p = 0{,}38$	$q = -0{,}06$
d)	$0{,}6x^2 - 12x = -57{,}6$	$p = -20$	$q = 96$
e)	$x\cdot(x + 3) = -2$	$p = 3$	$q = 2$
f)	$-5x^2 + 10x = -120$	$p = -2$	$q = -20$
g)	$x\cdot(x + 5) = 10x - 4$	$p = -5$	$q = 4$
h)	$(x + 3)\cdot(x + 4) = 6\cdot(x + 9)$	$p = 1$	$q = -42$
i)	$x^2 - \frac{1}{6}x = 35$	$p = -\frac{1}{6}$	$q = -35$
j)	$x^2 + 1\frac{3}{4}x = 117\frac{1}{2}$	$p = 1\frac{3}{4}$	$q = -117\frac{1}{2}$
k)	$9x^2 - 15x - 27\frac{7}{9} = 0$	$p = -1\frac{6}{9}$	$q = -3\frac{7}{81}$
l)	$3x\cdot(1 + x) - (x + 5) = 0$	$p = \frac{2}{3}$	$q = -1\frac{2}{3}$
m)	$x\cdot(4x + 5) + 6\cdot(1 + x) = 0$	$p = 2\frac{3}{4}$	$q = 1\frac{1}{2}$
n)	$(x - 1)\cdot(x + 2) + 4\cdot(x + 2) = 2$	$p = 5$	$q = 4$
o)	$(3x - 2)\cdot(x - 2) = 3 + 4\cdot(x - 2)$	$p = -4$	$q = 3$

Prof. Nosenix' Trickkiste

Historische Verfahren - zeitgemäß aufbereitet

Wie Euler gemischt-quadratische Gleichungen löste

Euler entwickelte aus dieser Form die Lösung.

$$x^2 + px + q = 0$$

$$x^2 + px = -q$$

$$x^2 + px + \left[\frac{p}{2}\right]^2 = \left[\frac{p}{2}\right]^2 - q$$

$$\left(x + \left[\frac{p}{2}\right]\right)^2 = \left[\frac{p}{2}\right]^2 - q$$

$$x_1 + \left[\frac{p}{2}\right] = \sqrt{\left[\frac{p}{2}\right]^2 - q} \quad ; \quad x_2 + \left[\frac{p}{2}\right] = -\sqrt{\left[\frac{p}{2}\right]^2 - q}$$

In dieser Formel ist nun die Regel enthalten, nach welcher alle Quadratgleichungen aufgelößt werden können, und damit man nicht immer nöthig habe, die obigen Operationen von neuem anzustellen, so ist genug, daß man den Inhalt dieser Formel dem Gedächtnis wohl einpräge.

Da du auf der vorherigen Seite für die gemischt-quadratischen Gleichungen bereits p und q ermittelt hast, brauchst du die Werte nur noch in die Formel einzusetzen, um die beiden Lösungen zu ermitteln.

a)	$x^2 - 12x - 108 = 0$	$p = -12$	$q = -108$	$x_1 =$	$x_2 =$
b)	$x^2 + 17x = 18$	$p = 17$	$q = -18$	$x_1 =$	$x_2 =$
c)	$2x^2 + 0{,}76x - 0{,}12 = 0$	$p = 0{,}38$	$q = -0{,}06$	$x_1 =$	$x_2 =$
d)	$0{,}6x^2 - 12x = -57{,}6$	$p = -20$	$q = 96$	$x_1 =$	$x_2 =$
e)	$x \cdot (x + 3) = -2$	$p = 3$	$q = 2$	$x_1 =$	$x_2 =$
f)	$-5x^2 + 10x = -120$	$p = -2$	$q = -24$	$x_1 =$	$x_2 =$
g)	$x \cdot (x + 5) = 10x - 4$	$p = -5$	$q = 4$	$x_1 =$	$x_2 =$
h)	$(x + 3) \cdot (x + 4) = 6 \cdot (x + 9)$	$p = 1$	$q = -42$	$x_1 =$	$x_2 =$
i)	$x^2 - \frac{1}{6}x = 35$	$p = -\frac{1}{6}$	$q = -35$	$x_1 =$	$x_2 =$
j)	$x^2 + 1\frac{3}{4}x = 117\frac{1}{2}$	$p = 1\frac{3}{4}$	$q = -117\frac{1}{2}$	$x_1 =$	$x_2 =$
k)	$9x^2 - 15x - 27\frac{7}{9} = 0$	$p = -1\frac{6}{9}$	$q = -3\frac{7}{81}$	$x_1 =$	$x_2 =$
l)	$3x \cdot (1 + x) - (x + 5) = 0$	$p = \frac{2}{3}$	$q = -1\frac{2}{3}$	$x_1 =$	$x_2 =$
m)	$x \cdot (4x + 5) + 6 \cdot (1 + x) = 0$	$p = 2\frac{3}{4}$	$q = 1\frac{1}{2}$	$x_1 =$	$x_2 =$
n)	$(x - 1) \cdot (x + 2) + 4 \cdot (x + 2) = 2$	$p = 5$	$q = 4$	$x_1 =$	$x_2 =$
o)	$(3x - 2) \cdot (x - 2) = 3 + 4 \cdot (x - 2)$	$p = -4$	$q = 3$	$x_1 =$	$x_2 =$

Wie Euler gemischt-quadratische Gleichungen löste

a)	$p = -12$	$q = -108$	$x_1 = 18$	$x_2 = -6$
b)	$p = 17$	$q = -18$	$x_1 = 1$	$x_2 = -18$
c)	$p = 0{,}38$	$q = -0{,}06$	$x_1 = 0{,}12$	$x_2 = -0{,}5$
d)	$p = -20$	$q = 96$	$x_1 = 24$	$x_2 = -4$
e)	$p = 3$	$q = 2$	$x_1 = -1$	$x_2 = -2$
f)	$p = -2$	$q = -24$	$x_1 = 6$	$x_2 = -4$
g)	$p = -5$	$q = 4$	$x_1 = 4$	$x_2 = 1$
h)	$p = 1$	$q = -42$	$x_1 = 6$	$x_2 = -7$
i)	$p = -\frac{1}{6}$	$q = -35$	$x_1 = 6$	$x_2 = -5\frac{5}{6}$
j)	$p = 1\frac{3}{4}$	$q = -117\frac{1}{2}$	$x_1 = 10$	$x_2 = -11\frac{3}{4}$
k)	$p = -1\frac{6}{9}$	$q = -3\frac{7}{81}$	$x_1 = 2\frac{7}{9}$	$x_2 = -1\frac{1}{9}$
l)	$p = \frac{2}{3}$	$q = -1\frac{2}{3}$	$x_1 = 1$	$x_2 = -1\frac{2}{3}$
m)	$p = 2\frac{3}{4}$	$q = 1\frac{1}{2}$	$x_1 = -\frac{3}{4}$	$x_2 = -2$
n)	$p = 5$	$q = 4$	$x_1 = -1$	$x_2 = -4$
o)	$p = -4$	$q = 3$	$x_1 = 3$	$x_2 = 1$

Historische Verfahren - zeitgemäß aufbereitet

Wie Pascal sein arithmetisches Dreieck entwickelte

Blaise Pascal (19. 6. 1623 - 19. 8. 1662) war ein französischer Religionsphilosoph, Mathematiker und Physiker, der unter anderem an der Konstruktion einer Rechenmaschine arbeitete. In seinem Werk »Traité du triangle arithmêtique«, das 1665 in Paris erschien, beschäftigte er sich mit der Kombinationslehre und Wahrscheinlichkeitsrechnung. Dabei entwickelte er sein »arithmetisches Dreieck«, das heute auch die Bezeichnung »Pascalsches Dreieck« trägt. Was hat es mit diesem Dreieck auf sich? Pascal wollte ohne großen Aufwand Binominalausdrücke wie $(a + b)^6$ berechnen. Er fing ganz klein an:

$$(a+b)^0 = 1$$
$$(a+b)^1 = 1a^1 + 1b^1$$
$$(a+b)^2 = 1a^2 + 2a^1b^1 + 1b^2$$
$$(a+b)^3 = 1a^3 + 3a^2b^1 + 3a^1b^2 + 1b^3$$
$$(a+b)^4 = 1a^4 + 4a^3b^1 + 6a^2b^2 + 4a^1b^3 + 1b^4$$

Er dachte sich das ganze Buchstabengedöhne weg und betrachtete nur die Beizahlen. Dabei wurde er fündig. Du hoffentlich auch, denn du sollst das Schema weiterführen:

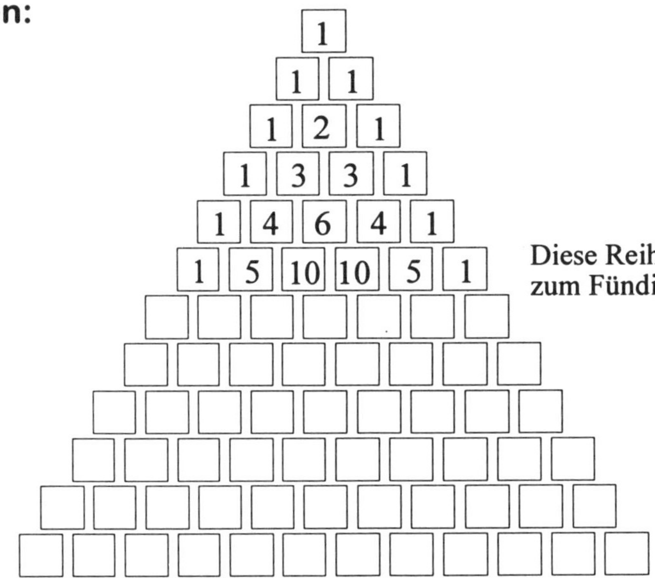

Diese Reihe gebe ich dir zum Fündigwerden noch vor!

Fernerhin hatte Pascal bemerkt, dass die Hochzahlen bei a »peu à peu« um 1 abnahmen, während sie beim b zunahmen.
Jetzt war es für ihn eine Bagatelle, $(a + b)^6$ umzuwandeln in

$$1a^6 + 6a^5b^1 + 15a^4b^2 + 20a^3b^3 + 15a^2b^4 + 6a^1b^5 + 1b^6$$

Bist du jetzt in der Lage $(a + b)^8$ auszurechnen?

Zusatzaufgabe: Überlege bitte, wie man bei $(a - b)^8$ verfährt.

Wie Pascal sein arithmetisches Dreieck entwickelte

Blaise Pascal (19. 6. 1623 - 19. 8. 1662) war ein französischer Religionsphilosoph, Mathematiker und Physiker, der unter anderem an der Konstruktion einer Rechenmaschine arbeitete. In seinem Werk »Traité du triangle arithmêtique«, das 1665 in Paris erschien, beschäftigte er sich mit der Kombinationslehre und Wahrscheinlichkeitsrechnung. Dabei entwickelte er sein »arithmetisches Dreieck«, das heute auch die Bezeichnung »Pascalsches Dreieck« trägt. Was hat es mit diesem Dreieck auf sich? Pascal wollte ohne großen Aufwand Binominalausdrücke wie $(a + b)^6$ berechnen. Er fing ganz klein an:

$$(a + b)^0 = 1$$
$$(a + b)^1 = 1a^1 + 1b^1$$
$$(a + b)^2 = 1a^2 + 2a^1b^1 + 1b^2$$
$$(a + b)^3 = 1a^3 + 3a^2b^1 + 3a^1b^2 + 1b^3$$
$$(a + b)^4 = 1a^4 + 4a^3b^1 + 6a^2b^2 + 4a^1b^3 + 1b^4$$

Er dachte sich das ganze Buchstabengedöhne weg und betrachtete nur die Beizahlen. Dabei wurde er fündig. Du hoffentlich auch, denn du sollst das Schema weiterführen:

1
1 1
1 2 1
1 3 3 1
1 4 6 4 1
1 5 10 10 5 1 — Diese Reihe gebe ich dir zum Fündigwerden noch vor!
1 6 15 20 15 6 1
1 7 21 35 35 21 7 1
1 8 28 56 70 56 28 8 1
1 9 36 84 126 126 84 36 9 1
1 10 45 120 210 256 210 120 45 10 1
1 11 55 165 330 462 462 330 165 55 11 1

Fernerhin hatte Pascal bemerkt, dass die Hochzahlen bei a »peu à peu« um 1 abnahmen, während sie beim b zunahmen.
Jetzt war es für ihn eine Bagatelle, $(a + b)^6$ umzuwandeln in

$$1a^6 + 6a^5b^1 + 15a^4b^2 + 20a^3b^3 + 15a^2b^4 + 6a^1b^5 + 1b^6$$

Bist du jetzt in der Lage $(a + b)^8$ auszurechnen?

$$1a^8 + 8a^7b^1 + 28a^6b^2 + 56a^5b^3 + 70a^4b^4 + 56a^3b^5 + 28a^2b^6 + 8a^1b^7 + 1b^8$$

Zusatzaufgabe: Überlege bitte, wie man bei $(a - b)^8$ verfährt.

$$1a^8 - 8a^7b^1 + 28a^6b^2 - 56a^5b^3 + 70a^4b^4 - 56a^3b^5 + 28a^2b^6 - 8a^1b^7 + 1b^8$$